婚姻家庭法概论

HUNYIN JIATINGFA GAILUN

廖红霞／主编

中国政法大学出版社

2014·北京

前言 Preface

人类作为群居动物，选择怎样的一种生存方式至关重要。在社会不断的演化和发展中，人类经过不断探索最终选择了两性和血缘的结合方式，形成了以婚姻关系、家庭关系以及亲属关系为基础的复杂的、动态的系统。从此，在婚姻家庭法律制度的规范制约下，婚姻家庭不断发展，并发挥着重要的社会职能。

婚姻家庭法，是调整婚姻家庭关系的法律规范，是民法中的一项基本制度。婚姻家庭法在内容上由亲属身份法和亲属财产法构成。前者源于婚姻家庭的人伦秩序，是严格意义上的身份法；后者基于亲属的身份，由前者派生，属于财产法的范畴。婚姻家庭法具有"公法"功能与"私法"属性。从某种意义上说，婚姻家庭法堪称道德化的法律或法律化的道德，以保护弱者为价值取向。如运用共同财产制，实现夫妻双方的财产共享，避免分产制对妇女的实际不公；规定亲属间扶养义务，为妇女、儿童和老人提供基本生存条件保障；建立亲权和监护制度，保障未成年人的健康成长；明确非婚生子女的认领，使最脆弱的群体得到最贴切的爱护和扶助；承认配偶权，让利益受损害的一方通过特定程序获得救济；等等。

我国的婚姻家庭法是规定婚姻家庭关系的发生和终止，以及婚姻家庭主体之间，其他近亲属之间的权利义务的法律规范的总和。我国婚姻家庭法律体系的构建是从 1950 年《婚姻法》开始的，经过 60 余年的发展，逐渐形成了以《婚姻法》、《继承法》、《收养法》为主干，以《婚姻登记管理条例》、最高人民法院《关于适用〈中华人民共和国婚姻法〉若干问题的解释（一）》、《关于适用〈中华人民共和国婚姻法〉若干问题的解释（二）》、《关于适用〈中华人民共和国婚姻法〉若干问题的解释（三）》、《关于贯彻执行〈中华人民共和国继承法〉若干问题的意见》为配套，以其他部门法相关规范和各个不同效力层次的法律渊源为补充的完整的法律体系。在我国的社会稳定和谐、经济快速发展中，婚姻家庭法起到了积极的不可替代的重要作用。

本书以我国《婚姻法》、《收养法》、《继承法》、《民法通则》等现行民事法律法规为依据，结合最高人民法院的最新司法解释，借鉴国外和我国港澳台地区的婚姻家庭立法和司法实践，吸收国内外婚姻家庭法学研究的新成果，系统阐述了婚姻家庭法的基本理论、基本制度，介绍了婚姻家庭法律制度的基本原则和法律措施，研究亲属制度、结婚制度、夫妻关系制度、离婚制度、父母子女关系和其他家庭成员关系制度、收养制度、监护制度、继承制度、保护婚姻家庭成员合法权益的法律救济措施制度、涉外婚姻家庭法律制度等内容。本书在每章之后，还通过案例分析，并随附相关法条和司法解释，使其具有较强的理论性和较好的可读性，便于读者学习和掌握。

　　本书可以作为高等学校法学专业的教科书，也可以供社会人士研读和学习，从而能在较短的时间内对婚姻家庭法有一个系统的了解和把握。

　　本书由廖红霞主编，马丽、周海波、颜勇任副主编，具体写作分工如下（按照撰写章节先后为序）：

　　宁　　娜（四川农业大学）　　　　　　第一章；

　　周海波（四川农业大学）　　　　　　　第二、四、五章；

　　肖　　春（四川师范大学文理学院）　　第三章；

　　颜　　勇（四川农业大学）　　　　　　第六章；

　　刘　　娜（四川农业大学）　　　　　　第七章；

　　许　　彦（四川农业大学）　　　　　　第八章；

　　廖红霞（四川农业大学）　　　　　　　第九章；

　　漆海燕（四川农业大学）　　　　　　　第十章；

　　薛立波（四川大学）　　　　　　　　　第十一章；

　　李飞鸣（四川农业大学）　　　　　　　第十二章；

　　马　　丽（四川农业大学）　　　　　　第十三章。

廖红霞

2013 年 12 月

目录 Contents

第一章

导　论

【内容提要】　婚姻家庭法学是研究有关婚姻家庭的法津制度、法津关系和与此相关的法津现象的科学。学习婚姻家庭法学，首先应当对婚姻家庭的概念、历史类型以及婚姻家庭法的概念、调整对象、法津渊源、基本原则等基础知识进行理解和掌握，为进一步学习和研究婚姻家庭法的各项具体制度打下理论基础。

第一节　婚姻家庭的起源

一、婚姻家庭的概念

婚姻家庭是人类社会最广泛、最普遍的社会关系。然而，在历史发展的长河中，婚姻家庭并非自始存在，也不是永恒不变的。婚姻家庭是人类社会发展到一定阶段才出现的两性和血缘关系的社会形式。

（一）婚姻的概念

婚姻是为当时的社会制度所确认的男女两性互为配偶的结合。它具有如下特点：

1. 婚姻必须是男女两性的结合。男女两性的结合是婚姻的基本特征和前提条件。男女两性的性差别、性吸引和性本能是产生婚姻的原始动力，是婚姻成立的自然条件。目前，尽管有荷兰、丹麦等少数国家通过立法允许同性结合并享有与异性夫妻相同的法律地位，但绝大多数国家均不承认同性结合具有婚姻的效力。

2. 婚姻必须是一男一女的结合。人类自进入文明时代，婚姻形式发展为个体婚，即一夫一妻制。这种单偶婚制度是社会生产发展的结果。它有利于建立稳定的婚姻关系，有利于对子女的抚育，也是人类走向文明的标志。

3. 男女两性的结合须为当时的社会制度所确认，才具有夫妻身份并受到法律保护。人类的婚姻在原始社会是由社会习惯所确认的。自阶级社会以来，一般是由法律来确认的。为达到确认的目的，婚姻当事人必须依照法定的条件和程序结合，才能产生夫妻身份和权利义务关系。婚姻是一种法律行为，而非任意行为。用法律对婚姻加以规范和干预，是人类完善和提高婚姻素质、保障社会发展的需要。

（二）家庭的概念

家庭是由一定范围内的亲属所构成的社会生活单位。它具有以下两个基本特征：

1. 家庭是一定范围内的亲属团体。组成家庭的亲属包括婚姻、血缘和法律拟制而产生的亲属。根据我国《婚姻法》的有关规定，在法律上具有权利义务关系的家庭成员主要包括：夫妻、父母子女、兄弟姐妹、祖父母、外祖父母与孙子女、外孙子女。

2. 家庭是一个具有共同经济的生活单位。家庭是组成社会的细胞，是一个包括经济生活、道德生活以及政治、宗教、教育等各方面内容的生活单位。家庭作为一个生活单位，承担着组织家庭生产、家庭消费和进行家庭教育的基本职能，具体情况则因不同的时代而有所差异。

二、婚姻家庭的起源及其发展

人类两性、血缘关系进步到社会制度范畴的婚姻家庭，是一个复杂、曲折、漫长的历史过程。作为社会制度组成部分的婚姻家庭制度，是以各种具体的历史形态存在于社会发展的一定阶段的。从人类历史发展进程来看，人类的婚姻家庭制度大约经历了三种历史类型，即群婚制、对偶婚制、一夫一妻制。

（一）群婚制

根据摩尔根在《古代社会》中提出的婚姻家庭进化模式，群婚制分为血缘群婚制和亚血缘群婚制两个阶段。

1. 血缘群婚制是人类婚姻的第一个形式，也是群婚制的低级形态。它是指同辈分男女之间可以互为夫妻的婚姻制度。它排除了不同辈分男女之间的两性关系，即祖父母辈、父母辈、子女辈等各个辈分内的男女之间，可以互为夫妻，而不同辈分的男女之间是禁止通婚的。这是人类两性关系史上出现的第一个禁忌规则，它使人类结束了杂乱的性交时期，开始了婚姻家庭的新时代。

2. 亚血缘群婚制，又称普那路亚婚[1]，是群婚制的高级形态。亚血缘群婚仍然是同辈分男女之间的集团婚，但它排除了兄弟姐妹之间的两性关系，起初排除同胞兄弟姐妹间的通婚，后来又逐步排除了血缘较远的兄弟姐妹间的通婚，旁系血亲之间的婚姻禁忌越来越严格。

亚血缘群婚制排除横向兄弟姐妹间的两性关系，是人类婚姻家庭史上的又一大进步。正如恩格斯所说："如果说家庭组织上的第一个进步在于排除了父母和子女之间相互的性关系，那

---

[1] 普那路亚为夏威夷语，指亲密的同伴。

么，第二个进步就在于对姊妹和兄弟也排除了这种关系。这一进步由于当事者的年龄比较接近，所以比第一个进步重要得多，但也困难得多。……不容置疑，凡近亲繁殖因这一进步而受到限制的部落，其发展一定要比那些依然把兄弟姊妹婚姻当作惯例和规定的部落更加迅速，更加完全。"[1]

（二）对偶婚制

产生于原始社会晚期的对偶婚制，是人类社会继群婚之后出现的第二个婚姻家庭形态。它是群婚制向一夫一妻个体婚制的过渡形态，是指一男一女在或长或短的时间内保持相对稳定的偶居生活的婚姻形式。

在对偶婚制下，成对配偶在一定时间内保持相对稳定的两性同居生活。但这种一男一女的结合并不牢固，它有时是复合的、交叉的。即有时一个女子和几个男子或一个男子和几个女子分别对偶同居。这种对偶婚仍然是以女子为中心，女方定居于本氏族，其夫则来自外族，所生子女是母方氏族的成员。这种对偶家庭的两性和血缘关系的社会形式，仍然不是严格意义上的家庭，在氏族共有经济中，它不可能成为一个脱离氏族而独立的经济单位。

但是，对偶婚制的形成从血缘构成上为父系氏族和个体家庭的出现准备了条件。过去群婚制下只能辨别子女的生母，对偶婚制下子女的生父一般也能判明了。因此，从一定意义上说，对偶婚制是一夫一妻制和个体婚姻的萌芽。对偶家庭的出现，也导致了生活资料和部分生产工具的私人占有，加剧了社会阶层的分化和财产私有制的产生。

---

〔1〕 参见《马克思恩格斯选集》（第4卷），人民出版社1995年版，第33~34页。

（三）一夫一妻制

一夫一妻制，又称个体婚，是指一男一女结为夫妻的婚姻制度。一夫一妻制的产生是私有制确立的必然结果。在原始社会末期，生产力水平有了较大的提高，社会分工的变化使得男子逐渐成为新财富主要的创造者和掌管者。这就要求：①废除母权制，实行妇从夫居的夫权制，才能确立子女按父方计算世系和承袭父亲财产的制度；②婚姻形式必须由对偶婚改为个体婚，这样才能保证妻子生育出血统纯正的后代来继承丈夫的遗产。于是，随着私有制经济的发展，形成了以男子为中心、以一定的私有财产为经济基础的"一夫一妻制"婚姻。可见，一夫一妻婚姻制度的产生是私有制确立的必然结果，也是生产力发展、男女两性地位演变和对偶婚全面推行等共同作用的必然归宿。

第二节　婚姻家庭法的概念和调整对象

一、婚姻家庭法的概念

（一）婚姻家庭法的名称

婚姻家庭法这一名称在历史上由来已久，但在古今中外各国法律文件中的使用各不相同。归纳起来，大约有四种，即婚姻法、家庭法、婚姻家庭法和亲属法。形成这种状况原因有二：①因调整内容范围的不同而命名不同。如调整婚姻关系的称婚姻法，调整家庭关系的称家庭法，调整婚姻家庭关系的称婚姻家庭法；②与人们认识上的原因和传统习惯有关。如调整婚姻与家庭关系的法律，有的国家称为婚姻法，如我国；有的国家称家庭法，如罗马尼亚、德国。大陆法系国家多称亲属法；英美法系国家，由于多为单行法规，故采用名副其实的命名原则，如英国的《婚姻诉讼法》、《家庭赡养法》、《离婚改革法》,美国的《统一结婚离婚法》等。

（二）婚姻家庭法的概念

婚姻家庭法是指调整婚姻家庭关系的法律规范的总称。婚姻家庭法按其调整对象的范围的不同,可以分为广义和狭义的婚姻家庭法。按其规范的编制方式与命名不同,可以分为形式意义和实质意义的婚姻家庭法。

1. 广义和狭义的婚姻家庭法。

（1）广义的婚姻家庭法是指既调整婚姻关系又调整基于婚姻关系而产生的家庭关系的法律。婚姻家庭虽然属于不同性质的社会关系,但二者有内在的不可分割的联系,婚姻关系是家庭关系产生的基础,家庭关系是婚姻关系发展的结果。我国《婚姻法》就属于广义婚姻法。

（2）狭义的婚姻家庭法是指专门规定婚姻的成立、终止以及婚姻的效力的法律,其内容不涉及婚姻关系以外的其他家庭事项。如英国的《婚姻法》、美国的《统一结婚离婚法》等。

2. 形式意义和实质意义的婚姻家庭法。

（1）形式意义上的婚姻家庭法是指以婚姻法、家庭法、亲属法等名称命名的法律或民法典中的婚姻家庭部分。它不但在内容上是规定、调整婚姻家庭或亲属关系,而且在形式上也是以婚姻、家庭、亲属等名称命名的法律。如我国《婚姻法》、《俄罗斯联邦家庭法典》、《罗马尼亚家庭法典》等。

（2）实质意义上的婚姻家庭法是指调整婚姻家庭关系的法律规范的总称。这些规范既集中系统地存在于形式意义上的婚姻家庭法中,又散见于其他规范性文件中。如我国现行法律体系中所有调整婚姻家庭关系的法律规范,包括宪法、法律、行政法规、地方性法规、民族自治地方的有关规定以及最高人民法院的司法解释、我国缔结和参加的国际条约中有关婚姻家庭关系的规定，就构成实质意义上的婚姻家庭法。但这些法律法规都不具有婚姻家庭法的名称和形式，只是其中部分规定了调整婚姻家庭关系的一些实质内容。

二、婚姻家庭法的调整对象及其规范内容

（一）从婚姻家庭法调整对象的范围来看

婚姻家庭法既调整婚姻关系，又调整家庭关系；既包括婚姻家庭关系的产生、变更和终止的动态运动的全过程，又包括由该动态运动所形成的主体之间的权利和义务。婚姻关系因结婚而成立，又因一方死亡或离婚而终止。所以，关于结婚的条件和程序、夫妻间的权利和义务，关于离婚的处理原则、程序、条件以及离婚后财产分割和生活困难帮助等问题，都属于婚姻关系范围。家庭关系基于子女的出生、法律拟制等原因而发生，基于离婚、家庭成员死亡、拟制血亲关系解除等原因而消灭。因此，关于确认家庭成员之间的亲属身份，规定家庭成员之间的权利义务及其产生、变更和终止等方面的事项，均属于家庭关系的范围。

（二）从婚姻家庭法调整对象的性质来看

婚姻家庭法既有婚姻家庭方面的人身关系，又有婚姻家庭方面的财产关系。其中人身关系占主导地位，财产关系以人身关系为先决条件，居于从属依附地位。所以，婚姻家庭法在性质上应认定为身份法而非财产法；它所调整的对象是基于婚姻家庭而产生的人身关系以及与此相联系的财产关系。

1. 婚姻家庭中的人身关系，存在于具有特定的亲属身份的主体之间，本身并无直接财产内容的一种社会关系，如配偶身份、亲子身份、祖孙身份、拟制血亲身份、姻亲身份，以及人格独立权、人身自由权、姓名权等，这些关系不直接体现经济内容，婚姻家庭法不仅对这些身份关系的形成、变更、消灭作

出相应的确认性规范，而且对这种被确认的身份所规定的相应的人身上的权利义务加以调整，从而使这种自然的、伦理上的身份关系带有严格的法律属性。

2. 婚姻家庭中的财产关系，是以人身关系为前提，直接体现一定经济内容或者以一定的财产为媒介所形成的社会关系，涉及有关主体之间的物质利益。但这种财产关系是人身关系所引起的法律后果，它随人身关系的产生而产生，随人身关系的变更、消灭而变更、消灭。如亲属间的抚养、赡养和扶养关系，亲属间的继承关系，夫妻共同财产关系，家庭成员间的财产关系等，都是直接反映以财产为媒介的一种经济关系，但又与主体所具有的特定身份不可分割，所以它是一种附属于人身关系的财产关系。

三、婚姻家庭法的基本特点

婚姻家庭关系的自身属性决定了婚姻家庭法具有以下基本特点：

（一）适用范围的广泛性

婚姻家庭关系是一种最广泛、最普遍的社会关系。每个社会成员既是婚姻家庭关系的产物，又是婚姻家庭关系的主体。无论人们是否自觉意识到，每个人从出生到死亡都一直处于两性、血缘的关系当中，受到婚姻家庭法的规范和调整，享受婚姻家庭法赋予的权利，承担婚姻家庭法规定的义务。

（二）调整对象身份的多重性

一个人在婚姻家庭中，一般都是以多重法律关系的主体身份出现的，同时处于多层次的权利义务关系当中，而且往往具有持久性。例如，一个人出生后，以子女身份与父母产生绝对的权利义务关系，与兄弟姐妹、（外）祖父母存在着附条件的权利义务关系；成年结婚后，与配偶产生夫妻关系；生育子女后，又与子女产生亲子间的权利义务关系。

（三）明显的伦理性

婚姻家庭法在本质上属于身份法，其调整的婚姻家庭关系既是一种身份关系，又是一种现实的伦理关系。在一定意义上，婚姻家庭就是一种社会伦理实体，伦理道德与法律的一致性，在婚姻家庭法上反映得尤为突出。许多反映婚姻家庭关系的原则、规范，既是伦理道德的要求，也是法律的规定。因此，一方面，在婚姻家庭立法上，要注意充分反映伦理道德的要求，将某些社会推崇的道德准则转变为相应的法律规范；另一方面，在处理具体的婚姻家庭问题时，既要注意坚持法律标准，也要坚持道德标准，充分发挥道德对法律的补充作用。

（四）鲜明的强制性

为有效保护公民在婚姻家庭方面的合法权益并维护社会利益，婚姻家庭法中的规定大多是强制性规范。如当一定的法律事实如结婚、离婚、出生、死亡等发生后，便在主体之间产生一定的权利义务。这种法律后果是由法律预先指明、严格规定的，当事人不得自行改变或通过约定加以改变。缔结婚姻、成立收养不允许附加条件和期限；结婚、离婚、收养的成立和解除要符合法定的条件和程序。所以，婚姻家庭法的条文多用"必须"、"应当"、"禁止"等术语。当然，婚姻家庭法中也有一部分任意性规范，如关于夫妻财产的约定、离婚时关于子女抚养和财产分割的协议等。但是，处理这些问题也必须以婚姻家庭法的有关原则和规定为依据，当事人选择的余地不大。

第三节 婚姻家庭法的渊源和地位

一、婚姻家庭法的形式渊源

我国婚姻家庭法的渊源是指婚姻家庭法的各种表现形式。主要表现为:

(一) 宪法

宪法是国家的根本大法,在我国法律体系中具有最高的法律效力和法律地位。宪法中有关婚姻家庭关系的规定,是我国全部婚姻家庭立法的根据和必须遵循的原则。一切调整婚姻家庭关系的规范性文件,均不得违反宪法的规定。

(二) 法律

作为法律渊源的法律,是狭义上的法律,专指由全国人民代表大会及其常务委员会制定的规范性文件,其中又可以分为基本法和基本法以外的法律。

1. 在基本法律方面,《中华人民共和国婚姻法》起着婚姻家庭基本法的作用。民法、刑法、诉讼法、行政法等部门基本法中,均有涉及婚姻家庭关系的相应规范,也属于婚姻家庭法的渊源。

2. 在基本法以外的法律方面,《中华人民共和国收养法》、《中华人民共和国妇女权益保障法》、《中华人民共和国未成年人保护法》、《中华人民共和国老年人权益保障法》、《中华人民共和国继承法》等,均有若干涉及婚姻家庭关系的规定,它们也是我国婚姻家庭法的渊源。

(三) 行政法规和国务院所属部门制定的有关规章

行政法规和行政规章具有针对性、操作性、具体性等特点,因此对于贯彻执行宪法、法律中有关婚姻家庭方面的规定,起着十分重要的作用。目前，这方面的规范性文件主要有：《婚姻登记条例》、《中国公民收养子女登记办法》、《外国人在中华人民共和国收养子女登记办法》，以及国家卫生和计划生育委员会颁行的有关文件等。随着我国婚姻家庭法制建设的进一步完善，将有更多的此类规范性文件作为婚姻家庭法的渊源诞生。

（四）地方性法规和民族自治地方的有关规定

地方国家机关根据本行政区域内婚姻家庭的实际情况，以宪法、法律为依据，制定有关婚姻家庭的地方法规，发布具有一般性规范效力的决议、决定，是保证法律贯彻实施的重要措施。这方面的规定很多，内容涉及婚姻登记，保护妇女、儿童和老人合法权益，收养，计划生育，防治家庭暴力等，它们的规定都是以全国性的婚姻家庭立法为依据的。民族自治地方制定的有关婚姻家庭方面的规范性文件，如贯彻执行《婚姻法》的变通或补充规定等，也是婚姻家庭法的渊源。地方性法规和民族自治地方的有关规定只在本行政区域内有效。

（五）最高人民法院的司法解释

最高人民法院所做的有关适用婚姻家庭法的司法解释，是人民法院长期审理有关案件经验的总结，是婚姻家庭法重要的法律渊源。这些司法解释包括历次全国民事审判工作会议文件中有关婚姻家庭法的司法解释，以及最高人民法院《关于适用〈中华人民共和国婚姻法〉若干问题的解释（一）》（2001年12月24日）、《关于适用〈中华人民共和国婚姻法〉若干问题的解释（二）》（2003年12月4日）、《关于适用〈中华人民共和国婚姻法〉若干问题的解释（三）》（2011年7月4日）、《关于贯彻执行〈中华人民共和国继承法〉若干问题的意见》（1985年9月11日）、《关于人民法院审理离婚案件处理财产分割问题的若干具体意见》（1993年11月3日）、《关于人民法院审理离婚案件处理子女抚养问题的若干具体意见》（1993年11月3日）和

《关于人民法院审理离婚案件如何认定夫妻关系确已破裂的若干具体意见》（1989 年 12 月 13 日）等。

（六）我国缔结和参加的国际条约

根据《中华人民共和国民法通则》的有关规定，处理涉外婚姻家庭关系可以适用我国缔结和参加的国际条约（在特定情况下还可以适用国际惯例）。如果我国参加和缔结的国际条约同我国民事法律有不同的规定，适用国际条约的规定，但我国法律声明保留的条款除外。因此，经我国批准生效和参加的有关婚姻家庭的国际条约也是婚姻家庭法的渊源。

二、婚姻家庭法的地位

我国社会主义法律体系是一个有机联系的整体，不同的法律部门之间既相互独立，又相互联系；既互相分工，又互相补充和配合。婚姻家庭法的地位集中反映在它与其他现行法律、法规的关系方面。具体表现为：

（一）婚姻家庭法与宪法

宪法作为国家的根本大法，规定了我国的社会制度、国家制度、国家机构、公民的基本权利和义务等带有根本性的问题，具有最高的法律效力。宪法和婚姻家庭法的关系就是"母法"与"子法"的关系。我国《宪法》规定，妇女在政治的、经济的、文化的、社会的和家庭生活等各方面都享有同男子平等的权利，国家保护妇女的权利和利益，婚姻、家庭、母亲和儿童受国家的保护等。这些都体现了我国对待婚姻家庭问题的一贯政策，是婚姻家庭法的指导思想和运作方向，也是婚姻家庭法的基本根据和原则所在。婚姻家庭法根据这些原则来制定和操作，是宪法原则性规定的具体化和系统化。

（二）婚姻家庭法与《民法通则》

如前所述，婚姻家庭法属于民法的组成部分。《民法通则》

是我国当前民事活动的基本准则。婚姻家庭法与《民法通则》的关系是同一法律部门中的内部关系。这一关系集中体现在四个方面：

1.《民法通则》中所确立的基本原则对民事活动具有统管性，但就婚姻家庭关系的特殊性看，只能部分适用。因此，婚姻家庭法既遵行《民法通则》的一部分共性原则，又专门确立了自己的基本原则。

2.《民法通则》中的某些一般规定适用于婚姻家庭法领域。如公民的民事权利能力和行为能力、监护、宣告死亡和失踪、法定代理、财产所有权等规定对婚姻家庭法都有直接或间接的依据和适用作用。

3.《民法通则》中部分内容是专门针对婚姻家庭而规定的。如公民享有婚姻自主权，禁止买卖、包办婚姻和其他干涉婚姻自由的行为，婚姻、家庭、老人、母亲和儿童受法律保护等。它们是婚姻家庭法的重要渊源。

4. 由于《婚姻法》立法在先，《民法通则》颁行在后，所以《民法通则》中的有关规定对婚姻家庭法具有补充作用。如《民法通则》中关于涉外婚姻家庭关系的法律适用的规定即是如此。此外，婚姻家庭法同一些民事单行法也存在密切联系。如婚姻家庭法确定的亲属身份是《继承法》规定和调整继承关系的基本法律依据。

（三）婚姻家庭法与行政法

行政法是调整国家行政管理机关在实现其管理职能的过程中所发生的各种社会关系的法律规范的总和。婚姻家庭领域有许多方面与行政管理密切联系，因而要受到行政法的调整。如公民的结婚登记、离婚登记、收养登记等都属于行政登记管理的范围；公民因出生、死亡、婚姻、收养而发生的身份变化，要引起户籍、住所的变更，因而要进行户籍登记，接受户籍法的调整；违反婚姻家庭法尚未构成犯罪的行为，应依照有关行政法给予行政处罚；推行计划生育，需要借助相应的行政措施等。

（四）婚姻家庭法与刑法

刑法是规定有关犯罪和刑罚的法律，是维护社会秩序、保护公民合法权益的有力武器。公民在婚姻家庭方面的合法权益、国家确立的婚姻家庭秩序，既受婚姻家庭法的保护，也受到刑法的保护。如《刑法》第四章第 257～262 条对暴力干涉婚姻自由罪、重婚罪、破坏军婚罪、虐待罪、遗弃罪、拐卖儿童罪等妨害婚姻家庭犯罪作了具体规定。刑法通过惩罚犯罪，维护社会主义婚姻家庭制度的作用是婚姻家庭法的强力后盾，也是其他法律所不能替代的必要强制手段。

第四节　婚姻家庭法的基本原则

婚姻家庭法的基本原则，既是婚姻家庭法的立法指导思想，也是婚姻家庭法的基本精神，还是婚姻家庭法操作、运行的基本准则。它贯穿婚姻家庭法的始终，集中体现了以婚姻家庭法为主导内容的婚姻家庭制度的本质和特点。我国婚姻家庭法的基本原则有：

一、婚姻自由原则

（一）婚姻自由的概念和内容

婚姻自由是指公民有权按照法律的规定，完全自愿地决定自己的婚姻问题，不受任何人的强制和干涉。我国《宪法》第 49 条规定，"禁止破坏婚姻自由"；《民法通则》第 103 条规定，"公民享有婚姻自主权"。《婚姻法》第 2 条也确立了婚姻自由原则。根据这些规定，公民的婚姻自由权受法律保护。婚姻自由原则是婚姻家庭法的首要基本原则，是我国婚姻家庭制度的重要基石。

婚姻自由包括结婚的自由和离婚的自由两个方面。结婚自由主要包括两个方面的内容：①结婚必须男女双方完全自愿且意思表示真实，不容许任何人强迫、欺骗、乘人之危或包办、非法干涉。②结婚必须符合法律规定的条件和程序。缔结婚姻不只是当事人双方的私事，同时也涉及他人和社会的利益。所以，当事人虽然对结婚表示了完全自愿和真实的态度，但还必须符合法律规定的结婚条件和程序。

离婚自由也有两个方面的内容：①夫妻双方都有作出离婚决定、达成离婚协议的权利；在夫妻感情确已破裂、婚姻关系无法继续维持下去的情况下，夫妻任何一方都有提出离婚的权利。②离婚同结婚一样，必须符合法定的条件，履行法定的程序，承担相应的法律后果。婚姻家庭法对离婚的条件、程序、离婚后子女的抚养和教育等问题，都作了明确的规定，这些规定既是对离婚自由的保障，又是对行使离婚自由权利的约束。

作为婚姻自由的两个方面，结婚自由是建立婚姻关系的自由，离婚自由是解除婚姻关系的自由；结婚自由是实现婚姻自由的先决条件，离婚自由是结婚自由的必要补充。婚姻自由不是绝对的、毫无限制的。婚姻家庭法规定的结婚的条件和程序、离婚的程序和处理原则，都说明婚姻自由是有一定范围和限度的。任何人行使婚姻家庭中的权利时，不得滥用权利，也不得因此损害他人的合法权益和社会的公共利益。

（二）禁止干涉婚姻自由和借婚姻索取财物

我国《婚姻法》第3条第1款规定："禁止包办、买卖婚姻和其他干涉婚姻自由的行为。禁止借婚姻索取财物。"这是对法律所禁止的违反婚姻自由原则的行为的规定，是从另一个侧面对婚姻自由原则的必要补充。

1. 禁止包办、买卖婚姻和其他干涉婚姻自由的行为。包办婚姻是指婚姻关系以外的第三人（包括父母）违反婚姻自由原则，在完全违背婚姻当事人意愿的情况下，强迫其缔结的婚姻。买卖婚姻是指婚姻关系以外的人（包括父母）以索取大量财物为目的，包办、强迫他人缔结的婚姻。其他干涉婚姻自由的行为是指除包办、买卖婚姻以外的违反婚姻自由原则，阻挠、干涉他人行使婚姻自由权利的行为。如子女干涉父母再婚、干涉寡妇再婚、干涉和反对男方到女家落户、干涉非近亲的同姓结婚、阻碍或胁迫他人离婚等。

2. 禁止借婚姻索取财物。借婚姻索取财物主要是指婚姻当事人一方向对方索要一定的财物，以此作为结婚条件的行为。索取财物的主体一般是婚姻当事人一方，有时也发生在第三人（如女方父母）索取财物的情况，而男女双方对结婚基本是自主自愿的，体现了他们的个人意志。这种婚姻关系在性质上违背了社会主义婚姻的基本要求，违反了婚姻自由原则，属于违法行为，婚姻家庭法应予以禁止。

二、一夫一妻制原则

（一）一夫一妻制的概念及其必然性

1. 一夫一妻制的概念。一夫一妻制是指一男一女结为夫妻互为配偶的婚姻形式。其基本内涵包括：

（1）任何人都不得同时有两个或两个以上的配偶。

（2）已婚者在其配偶死亡或离婚前不得再行结婚。未婚男女不得同时与两个或两个以上的人结婚。

（3）一切公开的、隐蔽的一夫多妻、一妻多夫都是非法的，受到法律的禁止和取缔。

（4）违反一夫一妻制情节轻微的，要予以批评教育或行政处分；情节严重的，应给予行政处罚；情节严重构成犯罪的，要受到刑罚制裁。

2. 一夫一妻制实施的必然性。人类社会的婚姻结构从杂乱的两性关系经过群婚制、对偶婚制，最后进入到一夫一妻制，这是必然的普遍规律。

（1）一夫一妻制符合婚姻的本质。恩格斯曾经指出："既然性爱按其本性来说就是排他的，……那么，以性爱为基础的婚姻，按其本性来说就是个体婚姻。"[1] 只有实行一夫一妻制才能给夫妻感情专一、持久创造条件；才能使男女双方齐心协力，共同抚育子女，建设家庭，承担对社会应尽的责任和义务。

（2）一夫一妻制反映了男女性别比例的自然要求。人类社会除战争、瘟疫或其他人为的原因外，男女两性在绝大多数时候的自然增长和自然死亡的运行中，其比例基本上都是正常、平衡的，它从客观上限制了一夫多妻或一妻多夫，提出了实行一夫一妻的自然要求。

（3）从形式上看，一夫一妻制已成为当今世界各国普遍实行的婚姻原则。恩格斯曾经指出："我们现在正在走向一种社会变革，那时，一夫一妻制的迄今存在的经济基础，以及它的补充物即卖淫的基础，不可避免地都要消失。""随着生产资料转归社会所有，……一夫一妻不仅不会终止其存在，而且最后对于男子也将成为现实。"[2]

（4）一夫一妻制既是男女平等的要求，又是实现男女平等的保障，对提高妇女的社会地位、家庭地位，保护妇女合法权益具有重要的现实意义。

---

〔1〕 参见《马克思恩格斯全集》（第21卷），人民出版社1965年版，第95页。

〔2〕 参见《马克思恩格斯全集》（第21卷），人民出版社1965年版，第88～89页。

（5）一夫一妻制有利于婚姻的稳定和婚姻质量的提高，有利于家庭的和睦、团结、稳固和家庭职能的实现，有利于子女的健康成长。

（二）禁止重婚，禁止有配偶者与他人同居

我国《婚姻法》第3条第2款规定："禁止重婚。禁止有配偶者与他人同居。"这是从另一角度规定禁止的违反一夫一妻制原则的行为，是对一夫一妻制原则的重要补充。

1. 禁止重婚。重婚是指有配偶者又与他人结婚的违法行为。重婚有两种形式：①法律上的重婚，即有配偶的人又与他人登记结婚；②事实上的重婚，即有配偶的人与他人虽未办理结婚登记，但公开以夫妻名义同居生活的。无论是法律上的重婚还是事实上的重婚，都是违反一夫一妻制的严重违法行为，必须给予严肃处理和坚决取缔。

根据我国的有关法律和政策，重婚将导致下列法律后果：

（1）民事责任。重婚不具有法律效力；重婚是认定夫妻感情确已破裂，法院准予离婚的法定情形之一；在离婚时，重婚是无过错方要求过错方给予损害赔偿的法定理由之一。

（2）刑事责任。我国《刑法》第258条规定："有配偶而重婚的，或者明知他人有配偶而与之结婚的，处2年以下有期徒刑或者拘役。"《刑法》第259条规定："明知是现役军人的配偶而与之同居或者结婚的，处3年以下有期徒刑或者拘役。"

对于没有重婚故意的无配偶者，仅产生婚姻无效的民事后果，并不产生重婚罪的刑事后果。

2. 禁止有配偶者与他人同居。根据最高人民法院《关于适用〈中华人民共和国婚姻法〉若干问题的解释（一）》（以下简称《婚姻法司法解释（一）》）第2条，所谓"有配偶者与他人同居的情形"，是指有配偶者与婚外异性，不以夫妻名义，持续、稳定地共同居住。婚外同居的双方虽然共同生活，但同居的双方对外不以夫妻名义，也无永久共同生活的目的。可见，婚外同居与重婚是不同的。一般来说，婚外同居不构成犯罪（和现役军人的配偶姘居或长期通奸并造成严重后果的除外），而故意重婚则构成犯罪。

有配偶者与他人同居将导致下列法律后果：

（1）当夫妻一方有重婚或有与他人婚外同居的行为，另一方诉请离婚时，调解无效的，可视为感情确已破裂，应准予离婚。

（2）因一方重婚或与他人婚外同居而导致离婚的，无过错的另一方有权请求损害赔偿。

最高人民法院《关于适用〈中华人民共和国婚姻法〉若干问题的解释（二）》（以下简称《婚姻法司法解释（二）》）第1条指出，当事人起诉请求解除同居关系的，人民法院不予受理。但当事人请求解除同居关系，属于婚姻法规定的"有配偶者与他人同居"的，人民法院应当受理并依法予以解除。当事人因同居期间财产分割或子女抚养纠纷提起诉讼的，人民法院应当受理。

三、男女平等原则

我国《宪法》第48条第1款规定："中华人民共和国妇女在政治的、经济的、文化的、社会的和家庭的生活等各方面享有同男子平等的权利。"婚姻法中的男女平等原则，是宪法中男女平等原则的具体体现。男女平等原则的核心内容是指男女两性在婚姻家庭生活的各个方面都享有平等的权利，承担平等的义务。具体表现为：

1. 在婚姻关系方面，按照《婚姻法》的规定，男女在结婚、离婚的条件、程序以及其相应的权利、责任和义务上完全平等。例如，男女双方都有同等的结婚自由和离婚自由；夫妻双方都有各自使用自己姓名的权利；夫妻双方都有参加生产、工作、学习和社会活动的自由，一方不得对他方加以限制或干涉；夫妻双方都有实行计划生育的义务；离婚时，男女双方都有分割共同财产的权利等。

2. 在父母子女关系方面，婚姻家庭法关于父母子女间的权利义务的规定对不同性别的家庭成员平等适用。例如，子女可以随父姓，可以随母姓；父或母都有抚养教育子女的义务，又有受子女赡养的权利；父母离婚后，未成年子女可以由母方抚养，也可以由父方抚养，抚养费由双方合理分担；父母子女都有相互继承遗产的权利等。

3. 在其他家庭成员关系方面，祖父母和孙子女、外祖父母和外孙子女之间、兄弟姐妹之间，法律地位是完全平等的。

四、保护妇女、儿童和老人合法权益原则

（一）保护妇女的合法权益

保护妇女的合法权益作为婚姻家庭法的基本原则，在我国有其特殊意义。首先，有利于消灭我国几千年的封建社会形成的男尊女卑、歧视妇女的封建文化残余影响，有利于提高妇女的婚姻家庭地位。其次，男女两性存在与生俱来的差别，女性基于其生理、体质、心理等方面的特殊性，作为母亲在怀孕、分娩、哺育子女中起着不可替代的作用，社会理应给予充分的承认和必要的照顾。最后，社会分工造就了男女家庭角色的不同，妇女在实现人口再生产、从事子女抚养教育和组织家庭生活中的角色价值，应给予相应的特殊保护。

保护妇女的合法权益是一个内容丰富的完整体系，既系统地集中于《妇女权益保障法》，又分散在各法律部门构成的法律体系中。婚姻家庭法中将保护妇女合法权益作为男女平等原则的必然要求和重要补充，主要体现在对妇女的某些婚姻家庭权

益加以特殊的确认和保护。例如，缔结婚姻后，男方可以到女方家落户；女方在怀孕期间、分娩后 1 年内或中止妊娠后 6 个月内，男方不得提出离婚；离婚时分割夫妻共同财产，应根据具体情况，对女方的权益予以照顾；离婚时如一方生活困难，另一方应给予适当的经济帮助。《收养法》规定，无配偶的男性收养女性的，收养人与被收养人的年龄应当相差 40 周岁以上。此外，作为一项法律原则，在具体操作适用时，对于法律上没有明文规定的某些问题，也都要特别注意保护妇女的合法权益。

另外，我国《妇女权益保障法》中设有婚姻家庭权益的专章，通过若干保障性、程序性和制裁性的规定，使我国妇女的合法权益保障机制更为完善。

（二）保护儿童的合法权益

儿童是祖国的未来，民族的希望。我国《宪法》规定："国家培养青年、少年、儿童在品德、智力、体质等方面全面发展"；"婚姻、家庭、母亲和儿童受国家的保护"。我国还有专门的《未成年人保护法》、《预防未成年人犯罪法》。由于家庭对未成年人承担着不可替代的抚养、教育、保护功能，因而婚姻家庭法对儿童权益的保护尤为重要。

我国婚姻家庭法一方面在总则中确立了保护儿童合法权益的原则，另一方面在家庭关系中规定了一系列旨在保护未成年人权益的内容：

1. 子女享有接受父母抚养的权利。孙子女、外孙子女享有附条件地接受祖父母、外祖父母抚养的权利。如果父母、祖父母、外祖父母不履行法定义务，子女或孙子女、外孙子女有要求父母或祖父母、外祖父母给付抚养费的权利。

2. 子女在法律地位上一律平等。在我国，婚生子女、非婚生子女、养子女和形成抚养关系的继子女，其法律地位都是平等的，他们的权利同样受到法律的保护，任何人都不得对他们进行歧视或危害。

3. 父母对未成年子女有管教、保护的权利和义务。

4. 禁止溺婴和其他残害婴儿的行为。

5. 子女有继承父母遗产的权利。

6. 父母对子女的义务不因父母离婚而消除。

此外，在处理离婚纠纷、解决财产分割和子女抚养问题时，在认定和处理事实婚姻与同居关系方面，都强调以未成年人的利益为中心，注意保护儿童的合法权益。《收养法》也明确规定"收养应当有利于被收养的未成年人的抚养、成长"的基本原则。所有这些都是婚姻家庭法保护儿童合法权益原则的具体体现。

（三）保护老人的合法权益

尊敬、赡养和爱护老人是中华民族的传统美德。我国《宪法》第45条规定："中华人民共和国公民在年老、疾病或者丧失劳动能力的情况下，有从国家和社会获得物质帮助的权利。国家发展为公民享受这些权利所需要的社会保险、社会救济和医疗卫生事业。"第49条规定："成年子女有赡养扶助父母的义务"，"禁止虐待老人"。

保护老人的合法权益是婚姻家庭法的基本原则之一，贯穿于婚姻家庭法的立法和执法的全过程。例如，我国《婚姻法》规定了子女对父母有赡养扶助的义务；父母或祖父母、外祖父母在一定条件下有要求子女或孙子女、外孙子女给付赡养费的权利；子女应当尊重父母的婚姻权利，不得干涉父母再婚以及婚后生活，子女对于父母的赡养义务不因父母的婚姻关系的变化而变化。

此外，我国《老年人权益保障法》中也有保护老年人合法权益的规定，使老年人老有所依、老有所养，任何虐待、遗弃老人的行为都是法律所禁止的。

（四）保护妇女、儿童和老人合法权益的共同法律举措

我国《婚姻法》第 3 条规定："禁止家庭暴力。禁止家庭成员间的虐待和遗弃。"这是为保护妇女、儿童和老人合法权益原则作出的禁止性规定。

1. 禁止家庭暴力。最高人民法院《婚姻法司法解释（一）》第 1 条指出：家庭暴力是指行为人以殴打、捆绑、残害、强行限制人身自由或者其他手段，给其家庭成员的身体、精神等方面造成一定伤害后果的行为。持续性、经常性的家庭暴力，构成虐待。与社会其他领域中发生的暴力行为相比，从主体来看，家庭暴力的施暴者和受害者之间具有一定的亲属关系。从行为的环境来看，家庭暴力都发生于家庭内部，具有一定的隐蔽性。从侵害的客体来看，家庭暴力主要侵害了受害人的人身权，如生命健康权、人身自由权、婚姻自主权以及性权利等。从主观上来看，家庭暴力的施暴者在主观上是出于故意的，而且施暴行为在时间上是具有一定连续性的。

我国《婚姻法》第 43 条规定了对于家庭暴力受害者的法律救助措施和关于施暴者的法律责任。例如，受害者有权请求公安机关制止正在实施的家庭暴力，或请求公安机关依照治安管理处罚的法律规定予以行政处罚等。

2. 禁止家庭成员间的虐待和遗弃。虐待是指以作为或不作为的方式，对家庭成员歧视、折磨、摧残，使其在精神上、肉体上遭受损害的违法行为。如打骂、恐吓、冻、饿、患病不予治疗等。遗弃是指家庭成员中负有赡养、抚养、扶养义务的一方，对于需要赡养、抚养或扶养的另一方，不履行其应尽义务的违法行为。如成年子女不赡养无劳动能力或生活困难的父母；丈夫不扶养妻子；由兄、姐扶养长大的，有负担能力的弟、妹，对缺乏劳动能力又无生活来源的兄、姐，不尽扶养义务等。

对虐待或遗弃家庭成员的人，应当进行严肃的批评教育，

责令其改正错误，并给予适当的处分。对于拒不履行赡养、抚养、扶养义务的人，可依法强制其履行义务。对虐待、遗弃家庭成员构成犯罪的，依法追究其刑事责任。

五、实行计划生育原则

计划生育是我国的一项基本国策。《宪法》第 25 条规定："国家推行计划生育，使人口的增长同经济和社会发展计划相适应。"2001 年 12 月，第九届全国人大常委会通过了《人口与计划生育法》，该法第 18 条明确了我国的生育政策："国家稳定现行生育政策，鼓励公民晚婚晚育，提倡一对夫妻生育一个子女；符合法律、法规规定条件的，可以要求安排生育第二个子女。具体办法由省、自治区、直辖市人民代表大会或者其常务委员会规定。少数民族也要实行计划生育，具体办法由省、自治区、直辖市人民代表大会或者常务委员会规定。"

为了贯彻执行计划生育原则，婚姻家庭法不仅在总则中明确计划生育原则，而且在《婚姻法》第 16 条具体规定："夫妻双方都有实行计划生育的义务"。对此，我们应从三个方面来理解：①计划生育是每对夫妻、每个家庭对社会所承担的义务和责任；②计划生育是夫妻双方共同的义务；③社会要承担贯彻计划生育基本国策的责任，为育龄夫妇履行计划生育的义务提供保障。

2013 年 11 月，十八届三中全会出台了计划生育新政策，在《中共中央关于全面深化改革若干重大问题的决定》中提出："坚持计划生育的基本国策，启动实施一方是独生子女的夫妇可生育两个孩子的政策，逐步调整完善生育政策，促进人口长期均衡发展。"这是我国进入 21 世纪以来生育政策的重大调整完善，也是国家人口发展的重要决策。

六、和谐家庭原则

以婚姻为基础的家庭是社会的细胞，是人们的基本生活单位。婚姻双方和家庭成员之间具有极为密切的人身关系和财产关系。对于如何正确处理婚姻家庭关系，构建和谐家庭，《婚姻法》第4条规定："夫妻应当相互忠实，相互尊重；家庭成员间应当敬老爱幼，互相帮助，维护平等、和睦、文明的婚姻家庭关系"。

夫妻间相互忠实的规定，即要求夫妻互守"贞操"，不能有婚外性行为，保持性的专一、忠诚，它不仅是我国传统彰扬之美德，也是婚姻排他性的必然要求。当然，法律要求夫妻相互忠实，并不意味着用法律手段强行维持感情确已破裂的夫妻关系。当因夫妻一方不忠实导致感情确已破裂的，在离婚的同时，受害的无过错方可以获得法律上的救济——请求损害赔偿。最高人民法院《婚姻法司法解释（一）》第3条规定："当事人仅以婚姻法第4条为依据提起诉讼的，人民法院不予受理；已经受理的，裁定驳回起诉。"即夫妻关系并没有达到离婚的程度，配偶一方仅以对方有外遇、不忠实为由提起诉讼的，人民法院不予受理。

夫妻双方相互尊重是男女平等原则的必然要求，也是互敬互爱、互相扶助的思想基础。夫妻间的相互尊重表现在婚姻家庭生活的各个方面，如感情上的融合，精神上的体贴、慰藉，生活上的照料，在经济上的通力合作等。

家庭成员间应当敬老爱幼，是指晚辈家庭成员应当对长辈家庭成员予以尊敬，使之安享晚年；长辈家庭成员应当对晚辈家庭成员予以爱护。敬老爱幼与保护老人、儿童合法权益的原则，是从不同的角度加以规定的。后者主要是保护老人、儿童在人格权、财产权、继承权等方面的权利，而前者是在保护老人、儿童合法权益的基础上，根据儿童和老人特殊的生理、心理需要而提出的要求。

同时，法律还要求家庭成员间相互帮助，即父母子女之间、兄弟姐妹之间、长辈与晚辈之间，要互相尊重人格，在思想、生活和经济等方面相互关心和帮助，实现家庭的社会职能。

维护平等、和睦、文明的婚姻家庭关系，是指作为平等主体的家庭成员应当享有平等的权利，不得以强凌弱或对家庭成员实行差别待遇，提倡家庭成员间和睦相处、团结互助，避免无谓的纷争，不断提高家庭的物质与精神的文明程度。

【案例分析】

父母再婚需要子女同意吗?

案情：张某是某县一工厂的车间干部，原本有一个幸福和睦的家庭，妻子贤惠能干，两个子女都先后成家，独立生活了。但是，天有不测风云，张某的妻子在一次车祸中不幸身亡，张某悲痛欲绝。在妻子去世后，张某为了在精神上有所寄托，参加了老年大学书法班的学习。学习期间，张某结识了同学刘某。刘某系机关干部，老伴已去世多年，膝下无子女。刘某待人随和、心地善良，与张某很谈得来。双方在频繁的交往中，渐渐产生了感情，于是决定两人共度晚年。

张某把打算与刘某结婚的消息告诉子女时，却遭到了他们的强烈反对。子女们怒气冲冲地说："你这么大年纪还结婚，这不成了别人的笑料。你也太对不起母亲了。再说，我们也丢不起这个脸!"张某本以为子女会理解并成全自己，但不想却是这种态度。想把事情的真相告诉刘某，但又唯恐刘某伤心，因此在刘某面前吞吞吐吐，不知如何是好。刘某一眼就看出了张某的难处，说道："不要因为我把你的家搅乱了。毕竟我们都是上了年纪的人，如果子女反对，我们也不必太勉强。"两人相对无语。

当张某迈着沉重的步子回到家中，发现家里的彩电、冰箱都被搬走。茶几上留了一张便条："东西我们拿走了，不然你会送给那老太婆的。有我们在，她别想进我们张家的门……"张某顿感天旋地转，一头栽倒在沙发上。请问：张某有权再婚吗？张某子女的行为是否合法？

分析：婚姻自由是我国《婚姻法》的基本原则，也是法律赋予公民的一项基本权利。婚姻自由是指婚姻当事人有权按照法律的规定，决定自己的婚姻问题，不受任何人的强迫或干涉。婚姻自由不仅是指青年男女的婚姻自由权不受他人的非法干涉，也包括老年人再婚的权利不允许他人包括子女干涉。本案就是比较典型的子女干涉父母再婚自由的案例。

本案中，张某丧偶后结识了心地善良的刘某，当二人决定共度晚年时遭到张某子女的强烈反对，甚至将父亲家中的一些财产搬走，生怕父亲将其财产送给刘某。张某子女的行为不仅违反道德，也违反了《婚姻法》的有关规定，其干涉父亲再婚的行为是非法的。张某有权再婚，这是任何人包括其子女都不得干涉的自由权利。

【相关法条及解释】

1. **《婚姻法》第 2 条**　实行婚姻自由、一夫一妻、男女平等的婚姻制度。[我国《婚姻法》中的婚姻自由原则，既是对封建包办婚姻的根本否定，又同资产阶级的婚姻自由有着本质区别。我国的婚姻自由是指公民有权按照法律的规定，完全自愿地决定自己的婚姻问题，不受任何人的强制和干涉。它包括结婚的自由和离婚的自由两个方面。实行婚姻自由是为了建立和巩固以爱情为基础的婚姻关系，它是我国婚姻家庭制度的重要基石。]

2.《婚姻法》第3条 禁止包办、买卖婚姻和其他干涉婚姻自由的行为。

［这是对法律所禁止的违反婚姻自由原则行为的规定，是从另一方面对婚姻自由原则的必要补充。］

【思考题】

1. 简述婚姻家庭的历史类型。

2. 恩格斯指出："一夫一妻制从一开始就具有它的特殊性质，使它成了只是对妇女而不是对男子的一夫一妻制。"这句话怎么理解？在现实生活中如何贯彻一夫一妻制原则？

3. 计划生育的含义是什么？我国对计划生育有哪些基本要求和基本政策？

第二章

亲属关系

【内容提要】亲属关系是人类社会生活中一种重要的社会关系，在法律内涵上有广义和狭义之分。广义的亲属关系泛指基于婚姻、血缘和法律拟制而形成的一切社会关系。狭义的亲属关系仅指法律调整范围内的亲属，是因婚姻、血缘或法律拟制而形成的依法相互享有特定权利和承担特定义务的人与人之间的社会关系。本章所讲的亲属关系专指狭义的亲属关系，内容包括亲属的概念、特征、分类、范围、亲等、亲属关系的发生与终止和亲属关系的法律效力等。

第一节　亲属的概念和特征

一、亲属的概念

亲属作为由两性关系和血缘关系联系起来的一定范围的人与人相互之间特定社会关系的外在表现和身份称谓，是人类社会发展到一定阶段产生的特定概念。前婚姻时代的人们并没有明晰的亲属意识；亲属关系及相应的观念是与婚姻禁忌同时形成的，并随着社会的发展而不断强化；一夫一妻制度确立之后，亲属制度才逐步走向完善，成为社会制度一个非常重要的组成部分。

亲属包括两方面的含义：①生物遗传学和社会学意义上的亲属。泛指一切由血缘和婚姻联结起来的具有血缘同源性、姻缘相关性的人际关系。这是一种网络化的生物遗传结构和婚姻社会结构，在纵向上无始无终、横向上无边无际，范围非常广泛。②法律意义上的亲属，即得到法律确认、受到法律调整、具有一定法律效力的亲属，是因婚姻、血缘或法律拟制而形成的相互依法享有特定权利和承担特定义务的特定的人与人之间的社会关系，数量仅仅是众多亲属中的一小部分人。

二、亲属的特征

由概念可以看出，法律意义上的亲属关系具有以下四个显著特征：

1. 亲属有固定的身份和称谓。身份和称谓是基于身份关系而产生的名称，是亲属身份的标志，它反映出一种特定身份关系。由身份和称谓可以看出其亲属关系的亲疏远近。亲属关系一旦产生，主体之间的身份和称谓便被固定下来，并具有永久性，除法律规定外，当事人不得随意变更或解除，如父母子女、兄弟姐妹等。

2. 亲属是一种基于血缘、婚姻或法律拟制而形成的人与人之间的社会关系。法律上的亲属必然有赖以产生的法律事实，但这种法律事实与一般民事法律关系不同。具体来说，亲属关系产生的法律事实包括自然人出生、缔结婚姻和收养等法律行为或身份事实的法律拟制而形成的，因而区别于其他社会关系。如收养会导致拟制血亲的发生；再婚和抚养事实的法律事实，能导致继父母子女关系的产生；结婚会导致配偶关系的产生。

3. 法律所确定的亲属之间具有特定的权利义务关系。由于亲属范围的广泛性，只有法律确认的亲属之间才有权利义务关系。其中，有些亲属间权利义务的实现是无条件的，如父母子女；而某些亲属间权利义务的实现则是有条件的，如祖孙、兄弟姐妹等。法律规定范围外的亲属则没有法定权利义务关系，如叔伯与侄子女等，但是法律并不妨碍他们之间自觉地履行道义上的社会责任。

4. 亲属作为人际互动关系，具有特定的组织形式或共同体结构。如现代法律意义上的亲属，已基本浓缩于家庭之内，家庭是典型的普遍的亲属共同体；家庭中的亲属关系、亲子关系等涵盖了现代亲属关系的大部分内容。

第二节 亲属的分类和范围

一、亲属的分类

亲属关系纵横交错、数量众多。按照不同标准，可以分为不同类型。如按照亲属间的联系中介，可分为男系亲与女系亲、父系亲与母系亲、直系亲与旁系亲；按亲属关系的亲疏远近，可分为近亲属和一般亲属；按亲属辈分，可分为长辈亲、晚辈亲和平辈亲；按亲属关系的发生原因，可分为配偶、血亲和姻亲。最后一种是现代国家和地区最基本的分类方法，[1] 也是我国现行的亲属分类方法。

（一）配偶

配偶即夫妻，是男女双方因结婚而产生的亲属关系，是血亲和姻亲产生的基础，在亲属关系中居于核心地位，是一切亲

---

〔1〕 德国、法国、瑞士等国仅将亲属划分为血亲和姻亲两种，认为配偶仅是血亲和姻亲产生的基础，并无亲系、亲等可循，不仅未将配偶作为独立的亲属类型，而且不应当被列入亲属的范畴。

属关系的本源。在婚姻关系存续期间，夫妻双方互为配偶，双方之间产生夫妻间的人身关系和财产关系。

关于配偶是否为亲属，各国法律规定不尽一致。例如，德国旧民法和瑞士民法都认为配偶不是亲属；而日本和韩国的民法则将配偶列为亲属，它与血亲、姻亲在亲属类别中是并立的。本书认为，配偶作为亲属的类别之一应是毫无疑问的。中国历代的礼制和法律均认为配偶是亲属，服制图中有妻为夫服、夫为妻服的规定，彼此间的服制很重。[1] 虽然配偶作为亲属的一个类别，无法归入任何一类亲系中，也无法计算亲等，但这并不能成为否定配偶为亲属类别之一的理由。相反，这恰恰应该成为配偶独立于血亲、姻亲之外亲属的一个充分理由。

（二）血亲

血亲是基于生物遗传规律，具有血缘联系的亲属。原来意义上血亲本为自然血亲，即生物意义上的血亲。但亦可基于法律拟制而创设，这种血亲称为拟制血亲。

1. 血亲按来源不同，分为自然血亲和拟制血亲。

（1）自然血亲。系指出于同一祖先，因出生而自然形成的具有血缘联系的亲属。这种血缘联系具体表现为一次或多次出生的事实。如父母与子女；兄弟姐妹；祖孙；舅、姨与外甥、外甥女；堂兄弟姐妹等。自然血亲可以分为全血缘的自然血亲和半血缘的自然血亲。所谓全血缘的自然血亲，是指同父同母的兄弟姐妹，即同胞兄弟姊妹；半血缘的自然血亲，是指同父异母或同母异父的兄弟姊妹，因为他们之间的血缘联系，追根溯源仅有一半相同。

应当注意的是，自然血亲不受婚生或非婚生的影响。父母

---

〔1〕 杨大文、龙翼飞主编：《婚姻家庭法学》，中国人民大学出版社 2006 年版，第 84 页。

与婚生子女是自然血亲，与非婚生子女同样也是自然血亲，他们之间的血缘联系是客观存在的。

（2）拟制血亲。系指本无该种血亲应具有的血缘关系，但由法律确认其与该种自然血亲具有相同法律地位的亲属，也称为"准血亲"或"法定血亲"。这种血亲不是自然形成的，而是依法创设的。我国现行《婚姻法》确认的拟制血亲有两类：①养父母与养子女以及养子女与养父母的其他近亲属；②在事实上形成了抚养教育关系的继父母与继子女。

2. 按血缘联系的不同，分为直系血亲和旁系血亲。

（1）直系血亲是指彼此间有直接血缘联系的亲属，包括己身所出和从己身所出两类血亲。例如，父母与子女、祖父母与孙子女、外祖父母与外孙子女等。

（2）旁系血亲是指双方之间无从出关系但同由一共同祖先所生的血亲，即和自己同出一源的亲属。如与自己同源于父母的兄弟姐妹；与自己同源于祖父母或外祖父母的伯、叔、姑、舅、姨、堂兄弟姐妹、表兄弟姐妹等。

（三）姻亲

姻亲是以婚姻关系为中介而形成的亲属关系，但配偶本身除外。男女结婚后，一方与对方亲属之间即发生姻亲关系。根据姻亲间的联系环节，可以将姻亲分为血亲的配偶、配偶的血亲和配偶的血亲的配偶三类：

1. 血亲的配偶。指己身血亲的配偶，如儿媳妇、女婿、继父母、姐夫、妹夫等。

2. 配偶的血亲。指己身配偶的血亲，如公婆、岳父母、小舅子、小姨子等。

3. 配偶的血亲的配偶。指己身的配偶的血亲的夫或妻。这种姻亲是以两次婚姻为中介而形成的，如妯娌、连襟等。

姻亲也同样有长辈、晚辈、平辈、直系、旁系之分。这种划分是以配偶或与配偶之亲系为准而定的。例如，公婆是自己丈夫的长辈直系血亲，那么公婆就是自己的长辈直系姻亲。

需要指出的是，我国《婚姻法》对姻亲未规定法律上有权利义务。但《继承法》规定，丧偶儿媳对公婆或者丧偶女婿对岳父母尽了主要赡养义务的，可以作为第一顺序的法定继承人，继承公婆或岳父母的遗产。

二、亲属的范围

现代各国法律调整亲属范围的立法例，主要有以下两种立法模式：

1. 分别限定的立法模式。即立法不从总体上概括限定亲属的范围，而是在具体的亲属关系或法律事项上分别规定亲属的法律效力。也就是说，法律分别就禁婚亲、扶养、继承、监护等方面亲属的效力作出规定。如法国、我国均属这类立法模式。

2. 总体限定的立法模式。即立法从总体上概括限定亲属的范围，此范围之外的亲属关系则不属于法律的调整对象，也不具有亲属的法律效力。如现行《日本民法典》规定："下列人为亲属：六亲等内的血亲；配偶；三亲等内的姻亲。"

我国现行《婚姻法》对亲属范围的规定采用分别限定的立法模式，亲属范围的规定散见于各相关法律条文。根据《婚姻法》第7条规定，禁婚范围为直系血亲和三代以内旁系血亲；有扶养关系的亲属范围为夫妻、父母、子女、兄弟姐妹、祖父母、外祖父母、孙子女、外孙子女。

我国《继承法》第10条规定，法定继承人的范围为配偶、父母、子女、兄弟姐妹、祖父母、外祖父母、孙子女和外孙子女及其晚辈直系血亲为代位继承人，丧偶儿媳对公婆和丧偶女婿对岳父母尽了主要赡养义务的，可作为第一顺序法定继承人。

我国《民法通则》第16、17条对法定监护人的范围做了规定。1988 年最高人民法院出台的《关于贯彻执行〈中华人民共和国民法通则〉若干问题的意见（试行）》（以下简称《民通意见》）第 12 条进一步说明："《民法通则》中规定的近亲属，包括配偶、父母、子女、兄弟姐妹、祖父母、外祖父母、孙子女、外孙子女。"

我国《刑法》、《刑事诉讼法》、《国籍法》等亦从不同角度对亲属的效力作了规定。2012 年 3 月修订后的《刑事诉讼法》第 106 条明文规定："'近亲属'是指夫、妻、父、母、子、女、同胞兄弟姊妹。"显然是缩小了近亲属的范围。

第三节　亲　等

一、亲等的概念和意义

（一）亲等的概念

亲等即亲属等级，是计算亲属关系亲疏远近的基本单位。亲等数越小的，表示亲属关系越亲近，亲等数越大的，表示亲属关系越疏远。计算亲等的客观依据是血亲联系，因此，能够直接计算亲等的仅以血亲为限。姻亲以血亲的亲等为其亲等，配偶之间不计亲等。

（二）亲等的意义

计算亲等的客观依据是血缘联系，由于血缘联系的远近不同，不同亲属间的亲疏远近差异程度很大。所以，亲等的计算是以血亲为基准，从而准用于姻亲。由于亲属的远近直接关系到伦理关系、权利义务关系和其他的社会法律关系。所以，古今中外都将亲属的计算作为亲属制度的重要内容。

二、亲等的计算

现代世界各国对亲等的计算方法主要有罗马法的亲等计算法、寺院法的亲等计算法两种。中国与之不同，1950 年的《婚姻法》、1980 年的《婚姻法》以及修改后的《婚姻法》均以世代来计算亲属关系的远近。

（一）罗马法的亲等计算法

这一亲等计算法源于古罗马时代，自古罗马法创设，随着罗马法的传播而为欧洲大陆法系国家相继实行。目前，该计算方法为世界上绝大多数国家所采用，是国际上通用的亲属计算方法。该计算方法分为直系血亲和旁系血亲两个方面。

1. 直系血亲的亲等计算规则：以己身为基点向上或向下数（不含己身），以间隔一世代为一亲等，两个被计算亲属间的世代数相加之和，即为其各自亲等数。例如，父母与子女为一亲等直系血亲；祖父母与孙子女、外祖父母与外孙子女为二亲等直系血亲，曾祖父母与曾祖子孙女、外曾祖父母与外曾孙子女为三等直系血亲……其他各代依此类推。

2. 旁系血亲的亲等计算规则：先从己身上数（不含己身）至己身与对方（即与其计算亲等者）最近的共同长辈直系血亲，再从该长辈直系血亲以下数至对方，两边各得一世数，将其相加即为旁系血亲的亲等数。例如，兄弟姐妹为二亲等旁系血亲；伯、叔、姑与侄、侄女，舅、姨与甥、甥女为三亲等旁系血亲；堂兄弟姐妹、表兄弟姐妹为四亲等旁系血亲……依此类推。

罗马法旁系血亲计算方法的特点是"代次相加"。其计算方法采用单向、双向计算都可，即计算时首先找到双方共同的最近直系长辈血亲，然后可以按世代数间隔单向计算数累计，也可以双向计数后相加。[1] 例如，己身与表兄弟姐妹的共同直系长辈血亲是外祖父母。如果按照单向计算方法，己身到外祖父母是二亲等，再由外祖父母到表兄弟姐妹也是二亲等，累计相加就是四亲等旁系血亲。如果按照双向计算方法，己身到外祖父母是二亲等；表兄弟姐妹到外祖父母也是二亲等，两边相加也是四亲等旁系血亲。

关于姻亲亲等的计算，以"姻亲从血亲"为原则。如儿媳与公婆的亲等，因为丈夫与其父母是一亲等的直系血亲，所以儿媳与公婆是一亲等的直系姻亲；伯叔与侄子女是三亲等的旁系血亲，所以侄子女与伯（叔）母是三亲等的旁系姻亲。

（二）寺院法的亲等计算法

寺院法源于基督教会法规，由于受宗教和立法传统等原因影响，少数国家至今仍使用此计算法。该计算方法也分为直系血亲和旁系血亲两个方面。

1. 直系血亲亲等的计算。与罗马法直系血亲的计算方法完全相同，即从己身往上或者往下数（不算己身），以一世为一亲等。

2. 旁系血亲亲等的计算。计算旁系血亲的亲等与罗马法不同。采用的是比较选择方法。其计算如下：先从己身上数（己身不算）至己身与对方（即与其计算亲等者）的同源直系血亲，得一世数，再从对方上数至同源直系血亲，又得一世数，如果两边的世数相同，即以此数定其亲等；如果两边世数不同，则按世数多的一边定其亲等。如兄弟姐妹为一亲等旁系血亲，伯、叔、姑与侄、侄女，舅、姨与甥、甥女为二亲等旁系血亲；堂兄弟姐妹、表兄弟姐妹亦为二亲等旁系血亲……依此类推。由于旁系血亲的行辈可能相同，也可能不同，这种计算法往往不

---

〔1〕 陶毅主编：《婚姻家庭法》，高等教育出版社 2006 年版，第 30 页。

能准确地反映旁系血亲间的亲疏远近关系。

姻亲的亲等计算与罗马法计算规则相似，都是以姻亲等级从血亲为原则，即以配偶为中介进行换算。如儿媳与公婆的亲等，因丈夫与其父母是一亲等的直系血亲，所以儿媳与公婆就是一亲等的直系姻亲。

罗马法与寺院法两者计算直系血亲亲等数的方法完全相同，但计算旁系血亲亲等数的方法不同。两者的主要不同点是，对己身上数至同源直系血亲多的世代数，与从同源直系血亲数至计算亲等的旁系血亲的世代数，罗马法计算法以两边世代数相加之和作为旁系血亲的亲等数，而寺院法计算法则只取一边的世代数作为旁系血亲的亲等数。由于两者对两边世代数的取舍不同，导致对旁系血亲的亲等计算结果也大不相同。显然，罗马法的计算方法能更科学地反映出旁系血亲间血缘关系的亲疏远近。随着罗马法的传播和各国法律文化的交流，罗马法亲等计算法已为当代绝大多数国家所采用。

（三）我国婚姻法中"代"的计算

"代"是目前我国内地法律规定的表示亲属关系亲疏远近的单位，我国先后颁布的两部《婚姻法》都用"代数"来表示亲属关系的亲疏远近。一般情况下，代数越小，说明亲属关系越近。代数的计算方法分别以直系血亲和旁系血亲各自计算。

1. 直系血亲的计算方法。从己身往上或往下数（包括己身），以一辈为一代，相隔一世即为一代。如上数至父母为两代；至祖父母、外祖父母为三代；从己身向下数至子女为两代；至孙子女、外孙子女为三代；直系血亲的远近均可用代数来表示。

2. 旁系血亲的计算方法。计算旁系血亲时，代数须以同缘关系为依据。首先找出同源直系血亲，按照直系血亲的计算法，从己身往上数（包括己身）至同源直系血亲，记下代数；再从同源直系血亲往下数至要计算的旁系血亲，记下代数。如果两边数字相同，即以此数定为代数。如果两边的代数不同，则取代数大的一边定为代数。如要计算同源于父母的兄弟姐妹之间的代数，首先找出同源直系血亲父母，自己为第一代，往上数父母为第二代；再从父母为第一代，往下数至兄弟姐妹是第二代；因此，兄弟姐妹是为两代内的旁系血亲。如要计算自己与姑姑的代数，首先从自己上数至祖父母为三代，再从祖父母下数至姑姑为二代，两边数字不同，则自己与姑姑是旁系血亲三代。……以此类推。

　　世代计算法简便易行，但精确性不够。如己身与叔为三代以内旁系血亲，与同一祖父母的堂兄弟姐妹也是三代以内旁系血亲，代数相同，但血缘关系是有远近之别的。

　　应当注意的是，用我国世代计算法来表示血亲关系远近时，不能与罗马法亲等计算法简单相互换算。①我国的"代"是将己身算在内的，而罗马法不包括己身在内。②我国的三代以内旁系血亲不一定相当于罗马法四亲等以内的旁系血亲。例如，同罗马法的亲等计算法相比较，两代以内的旁系血亲是二亲等旁系血亲，三代以内的旁系血亲是四亲等内旁系血亲，四代以内旁系血亲是六亲等内旁系血亲，五代以内旁系血亲是八亲等内旁系血亲。

第四节　亲属关系的发生与终止

　　亲属关系既可基于一定原因而发生，亦可基于一定原因而终止。亲属种类不同，发生和终止的原因也不同。

一、配偶关系的发生与终止

　　配偶关系以婚姻成立为发生原因，是当代各国亲属立法的通例。依照我国《婚姻法》的规定，取得结婚证的时间，即婚姻关系成立的时间。

配偶关系又因一定的法律事实而归于消灭，引起配偶关系终止的原因有两个：①配偶一方死亡（包括自然死亡和宣告死亡）；②夫妻双方离婚。配偶双方关系终止的时间为：夫妻一方自然死亡的时间、人民法院宣告死亡判决书生效的时间、登记离婚取得离婚证的时间以及人民法院准予离婚的调解书或判决书生效的时间。

二、血亲关系的发生与终止

（一）自然血亲的发生与终止

出生是引起自然血亲关系发生的唯一原因，亲子关系和其他自然血亲关系均基于出生这一事实而发生。出生的时间就是自然血亲发生的时间。这种发生原因不仅适用于婚生的血亲，而且适用于非婚生的血亲。这种关系不以人的意志为转移，无须当事人认可，也不需要履行任何法律手续。即使在生父母没有认领或者法律没有确认之前，非婚生子女与生父之间实际存在的这种自然血亲关系也是不能否认和改变的。

自然血亲只能因一方死亡而终止，是古今中外立法的通例。自然血亲，除一方死亡外，不因任何人为条件而终止。死亡包括自然死亡和宣告死亡。

（二）拟制血亲的发生与终止

拟制血亲关系以所拟制的亲属身份关系依法成立为发生原因。由于身份关系种类的不同，发生和终止的原因也有所不同。

1. 养父母与养子女关系的发生与终止。合法有效的收养行为一经成立，收养人与被收养人之间便形成养父母子女的权利义务关系；同时，被收养人与收养人的其他近亲属也发生了拟制血亲关系。被收养人与收养人的父母、亲生子女之间发生养祖父母与养孙子女、养兄弟姐妹的关系。养父母与养子女关系因一方死亡而终止，或者因为收养关系的解除而终止，在收养关系解除后，收养人及其近亲属与被收养人的拟制血亲关系也自然终止。

2. 形成抚养事实的继父母与继子女关系的发生与终止。继父母与受其抚养的继子女之间因抚养而发生拟制血亲关系，其形成原因有两个：①基于生父（母）与继母（父）结婚的法律行为；②继父母继子女之间必须形成了抚养、教育的事实。只有这两个条件同时具备，继父母与继子女间才发生拟制血亲关系。

形成抚养事实的继父母与继子女关系，可因继父母或继子女一方死亡和生父（母）与继母（父）婚姻关系的解除而终止。但如果继父母对继子女抚养时间较长，彼此间的拟制血亲关系不因生父（母）与继母（父）婚姻关系的解体而终止。

拟制血亲的可变更性，决定了它既可以因一方死亡而终止，也可以因现存的亲属关系依法解除而终止。所以，收养关系主体自然死亡的时间、人民法院宣告死亡判决书的时间、解除收养关系的登记时间、人民法院准许解除收养关系的调解书或判决书生效的时间，是拟制血亲关系终止的时间。

三、姻亲关系的发生与终止

姻亲关系因婚姻成立而发生，婚姻成立是姻亲关系产生的基础，以配偶为中介，配偶一方才与另一方的亲属及双方的亲属间发生姻亲关系。婚姻成立的时间便是姻亲关系发生的时间。但婚姻成立以后，一方与另一方新出生的弟、妹之间的姻亲关系，是以婚姻的成立和该弟、妹的出生为发生原因的。

我国现行的《婚姻法》对姻亲关系终止的原因尚无明确的规定，这方面的具体问题主要由当事人按照风俗习惯来处理。

夫妻双方离婚是姻亲关系消灭的一般原因；而夫妻一方死亡后，姻亲当事人之间是否保持姻亲关系，法律没有明文规定。

第五节 亲属关系的法律效力

亲属关系一经法律调整，就会产生一定范围内的亲属所具有的权利义务关系，即亲属间的法律效力。这种效力在不同的法律部门中有不同表现。

一、亲属在婚姻家庭法上的效力

1. 相互扶养的权利义务。根据我国《婚姻法》规定，我国亲属间的抚养义务有两种：①无条件的互相抚养义务，即夫妻间、父母对未成年或尚未独立生活的子女、子女对丧失劳动能力的父母；②有条件的抚养义务，涉及祖父母、外祖父母与孙子女、外孙子女间以及兄弟姐妹之间。如果负有扶养义务的一方不履行扶养义务时，享有扶养权利的一方有权要求其扶养，并可向人民法院起诉。

2. 遗产继承权。根据我国《婚姻法》和《继承法》的规定，配偶、父母子女为法定继承人，除丧失继承权者外，享有法定继承权。

3. 共同财产的效力。夫妻是关系最密切的亲属，所以《婚姻法》第17条规定了法定的夫妻共同财产范围。

4. 禁止相互结婚。基于遗传学、优生学原理和伦理道德要求，禁止一定范围内的近亲属结婚。根据我国《婚姻法》规定，直系血亲和三代以内的旁系血亲之间禁止结婚。

5. 其他权利与义务。如子女应当尊重父母的婚姻权利，不得干涉父母再婚和婚后的生活；未成年人造成国家、集体或他人财产损失时，其父母有赔偿义务。

二、亲属在民法上的效力

1. 法定监护人和代理的效力。近亲属是无民事行为能力人或限制民事行为能力人的法定代理人。例如，我国《民法通则》规定，无民事行为能力或者限制民事行为能力人由其父母、配偶、成年子女、祖父母、外祖父母、成年的兄弟姐妹以及叔伯姑舅等关系密切的亲属担任监护人；父母是子女的法定代理人，依法行使代理权，进行民事活动。

2. 确定法定继承顺序的效力。一定范围内的亲属成为确定法定继承人顺序的依据，依《继承法》规定，配偶、子女、父母互为第一顺序的继承人；兄弟姐妹、祖父母、外祖父母为第二顺序的继承人。

3. 申请宣告的效力。一定范围内的亲属可以对下落不明达法定期限的人提起宣告失踪或宣告死亡的申请；还可以提起撤销失踪宣告或死亡宣告的申请。对精神病人可向法院申请宣告无民事行为能力或限制民事行为能力。

4. 一定范围内的亲属享有对失踪人财产的代管权。《民法通则》第21条规定，失踪人的财产由其配偶、父母、成年子女或关系密切的其他亲属、朋友代管。

三、亲属在刑法上的效力

1. 犯罪构成效力。某些犯罪的构成以有一定的亲属关系为前提。我国《刑法》规定的虐待罪、遗弃罪等，加害人与被害人之间必须有亲属关系才能成立。如果没有亲属关系，则可能构成其他犯罪。

2. 告诉、和解的效力。我国《刑法》规定，近亲属之间的虐待、遗弃或暴力干涉婚姻自由行为。只要没有发生被害人重伤、死亡的后果，就必须由受害人本人或其近亲属起诉，法院才能受理。而且即使告诉，在人民法院判决前，如被害人与加害人自行和解或原告人撤诉的，人民法院不予追究被告人的刑事责任。

四、亲属在诉讼法上的效力

1. 回避的效力。在刑事诉讼、民事诉讼、行政诉讼中，审判人员、检察人员、侦查人员、书记员、翻译人员等人员如果是本案当事人的近亲属，或与本案当事人有利害关系的，应当自行回避；如不回避，诉讼当事人可以申请他们回避。

2. 享有辩护权和代理权的效力。刑事案件被告人的近亲属可以担任被告人的辩护人，没有诉讼行为能力的民事案件的当事人，由取得法定代理人资格的近亲属代为进行民事诉讼活动，法定效力直接作用于被代理人。

3. 有权提起行政诉讼的公民死亡，其近亲属可以依法提起诉讼。

4. 死者的名誉权、著作权受到侵害，其近亲属可以依法提起诉讼。

5. 上诉、申诉效力。对第一审人民法院作出的判决、裁定，当事人的近亲属经当事人同意可以提出上诉；对已经发生法律效力的判决、裁定不服的，可以提出申诉。

6. 申请执行的效力。民事案件、刑事附带民事案件、行政案件的判决或裁定及调解协议中涉及财产内容的，义务人到期不履行义务，近亲属可以申请强制执行。

五、亲属在劳动法上的效力

1. 一定范围内的亲属享有接受抚恤金的权利。劳动者死亡后，其直系血亲、配偶可享受领取抚恤金、救济金的权利。直系血亲可享受一次性抚恤金或定期、不定期的生活困难补助。

2. 与配偶分居两地在国家机关、人民团体和全民所有制企事业单位工作满一年的固定职工，与父母分居两地的职工，享有探亲权。

六、亲属在国籍法上的效力

1. 一定范围内的亲属关系是自然取得中国国籍的前提条件。根据《国籍法》的规定，父母双方或者一方为中国公民，本人出生在中国或外国，即具有中国国籍。但父母一方或双方为中国公民，本人出生在外国的，且出生时就具有外国国籍的，则不具有中国国籍。一定范围的亲属关系是申请加入中国国籍的条件。与中国人有一定亲属关系的外国人、无国籍人或是中国人的近亲属的外国人、无国籍人，可申请加入中国国籍。

2. 一定范围内的亲属关系是申请退出中国国籍的条件。与外国人有一定近亲属关系的中国人，可以申请退出中国国籍。

【案例分析】
同曾祖父母的兄妹可否结婚?

案情：黎平的祖父与汪涵的外祖母是同胞兄妹，黎、汪二人年龄一样大，从小青梅竹马。现两人都达到结婚年龄，亦无结婚禁止的疾病，准备去婚姻登记机关申请结婚登记，但双方的父母担心他们属于近亲结婚。请问：他们是否属于三代以内旁系血亲，是否可以依法结婚?

分析：我国《婚姻法》按照世代亲等计算方法计算亲等。本案中黎平和汪涵属于旁系血亲。他们的同源直系血亲是黎平的曾祖父母、汪涵的外曾祖父母。从黎平到曾祖父母是四代；从外曾父母到汪涵也是四代，所以黎平和汪涵属于四代旁系血亲。所以，他们不属于我国法律规定的三代以内旁系血亲，依据我国《婚姻法》的规定是可以结婚的。

【相关法条及解释】

《婚姻法》第 7 条　有以下情形之一的，禁止结婚：

（一）直系血亲和三代以内旁系血亲；

（二）患有医学上认为不应当结婚的疾病。

【思考题】

1. 罗马法亲等计算法、寺院法亲等计算法和世代亲等计算法有什么区别？

2. 各类亲属关系是基于什么原因发生和终止？

3. 除了婚姻法，亲属关系在其他民事法律上的效力有哪些？

第三章

婚姻的成立

【内容提要】结婚制度是婚姻制度的核心和重要组成部分。婚姻的成立不仅是男女双方的终身大事，而且还关系到民族健康、社会稳定及人类的生存发展。自阶级社会形成以来，通过法律手段规范结婚行为，是任何时代、任何国家法律制度的一项重要内容。本章全面阐述了结婚的实质条件和程序要件，同时，针对违法婚姻问题，介绍了无效婚姻、可撤销婚姻和事实婚姻。详细阐述了合法成立的婚姻受法律保护，不符合法定条件的男女结合不是夫妻关系的法律精神。

第一节　婚姻的成立概述

一、婚姻成立的概念和效力

婚姻的成立，又称结婚，是指男女双方依照法律规定的条件和程序，确立夫妻关系的民事法律行为。婚姻的成立在概念上有广义和狭义之别。广义的婚姻成立包括订婚和结婚。古代法多采广义说，以订婚为结婚的必经程序，对婚约的效力予以保护。狭义的婚姻成立仅指结婚。近现代法多采狭义说，不以订婚为结婚的必经程序，不承认婚约的法律效力。我国现行婚

姻法采取狭义说，没有关于订婚的规定，但也不禁止人们自由
订立和解除婚约。

　　婚姻成立后，将会产生一系列重要的法律后果，这些后果
的总和被称为婚姻的法律效力。从广义分析婚姻成立的效力，
涉及宪法、民法、刑法、行政法、劳动法、诉讼法等许多领域。
在婚姻家庭法中，婚姻成立的效力指因结婚而引起的夫妻或亲
属之间的人身和财产方面的法律后果，分为直接效力和间接效
力。①婚姻成立的直接效力只涉及婚姻当事人，包括夫妻的人
身效力和财产效力。其一，夫妻的人身效力指夫妻人格、身份
方面的权利和义务，包括夫妻姓名权、人身自由权、家事代理
权和计划生育义务等内容。其二，夫妻的财产效力指因婚姻成
立而产生的财产法律后果，涉及夫妻财产制、夫妻间的扶养义
务和夫妻财产继承权等内容。②婚姻成立的间接效力是针对婚
姻当事人双方以外的第三人的法律后果，如姻亲关系的发生、
非婚生子女的准正等。

二、婚姻成立的历史发展

　　人类的两性关系进步到社会制度范畴内的婚姻形式，是一
个复杂、曲折、漫长的历史过程，结婚方式作为社会制度的组
成部分，是以各种具体的形态存在于社会发展的一定阶段的。
正如摩尔根所言：“婚姻（家庭）是社会制度的产物，它将反映
社会制度的发展状况。”[1]

　　（一）个体婚制形成初期的结婚方式

　　1. 掠夺婚。掠夺婚又称抢婚，是指男子以暴力掠夺女子为
妻的结婚方式。这种结婚方式最早出现在原始社会末期从对偶

---

〔1〕 ［美］路易斯·亨利·摩尔根：《古代社会》，杨东莼等译，商务印书馆
1999 年版，第 232 页。

婚制向一夫一妻制过渡的时期，是随着母权制向父权制过渡的历史演进而产生的。如《易经》中屡见"匪寇，婚媾"的记载。现代社会中某些民族所保留的抢婚，仅作为一种礼仪性的婚俗而流传下来，不再具有暴力和违背女方意愿的内容。

2. 有偿婚。有偿婚是指以男方向女方家庭支付一定代价为成婚条件而缔结的婚姻。这种婚制实质上是将女子作为等价物品进行交换，反映了旧时男女不平等及婚姻大事由父母一手包办的社会背景。根据有偿方式的不同，有偿婚主要有买卖婚、交换婚和劳役婚等表现形式。

（1）买卖婚，是指男方以向女方家庭支付一定数量的金钱或其他等价物为条件而缔结的婚姻。买卖婚是在私有制和商品交换的基础上发展起来的，几乎是与掠夺婚同时产生的，并成为古代社会普遍存在的婚姻形式。如《礼记·曲礼》曰："非受币，不交不亲。"

（2）交换婚又称互易婚，是指双方父母互换其女为子妇或男子互换其姐妹为己妻的婚姻。交换婚实质上是买卖婚的变相形式，其特点是以人作为给付的代价。

（3）劳役婚，是指男方以向女方家庭提供一定劳役为条件而成立的婚姻。劳役婚的成因一般是男方家既无财物可买媳，又无姐妹可换亲，只能以力代财，所以这种婚姻中男方的地位较低。男方入赘就是由此演变而来的。

3. 无偿婚。无偿婚是指男方不需要向女方家庭支付任何代价而缔结的婚姻，主要包括赠与婚、收继婚、强制婚等表现形式。

（1）赠与婚，是指父母或有权力者将其可以支配的女子赠与他人为妻而缔结的婚姻。

（2）收继婚，是指女子在其丈夫死后有义务在家族内部转房而缔结的婚姻。如弟娶亡夫之嫂为逆缘婚，妹嫁亡妻之姐夫为顺缘婚。

（3）强制婚，是指官府将罪人之妻女强制性地许配给他人为妻而缔结的婚姻。

（二）中国古代的聘娶婚

聘娶婚，是指男方以向女方家庭交付一定数量的聘金、彩礼作为结婚条件的婚姻形式。聘娶婚通行于整个中国古代社会，它以"婚礼"为形式，以买卖为实质，是一种注重形式要件的有偿婚。西周时期始创的"六礼"，为聘娶婚规定了完备的结婚程序。据《礼记》、《仪礼》所载，"六礼"各个环节的具体内容是：①纳采，即男方求亲须先委托媒人通言，女方家应许之后，男方才能备礼赘见；②问名，即男方家委托媒人问明女方的出生年、月、日、时以及在姐妹中的排列次序等；③纳吉，即在卜其吉凶后，如果卜得吉兆，则通知女方家；④纳征，又称纳币，即纳聘财，男方家向女方家送交聘礼后，婚约即告成立，产生人身上的约束力；⑤请期，即男方家择定婚姻日期，并商请女方家同意；⑥亲迎，即男方作为新郎亲自到女家迎娶新娘，迎归后行"合卺"之礼以示成妻。

（三）欧洲中世纪的宗教婚

欧洲中世纪是基督教的全盛时期，许多国家以基督教为国教。按照教会法对形式要件的要求而成立的宗教婚，是当时最主要的结婚方式。基督教认为婚姻是神作之合，结婚是一种宣誓圣礼，具有严格的条件和程序。准备结婚的当事人须事先按照教规将有关事项在教会布告栏中公告，婚礼由神职人员主持，当事人须宣誓并接受神职人员的祝福，婚姻始为成立和有效。

（四）近现代社会的合意婚

合意婚，又称自由婚、共诺婚，是指依男女双方的合意而成立婚姻。欧洲宗教改革的直接后果之一就是婚姻还俗运动的开展。在16世纪，荷兰首先出现了选择民事婚制度，即允许婚姻当事人自由选择依宗教方式结婚还是依民事方式结婚。此后，法国、英国、德国等许多国家也相继肯定了合意婚的地位。合意婚在价值观上同"自由"、"平等"、"民主"等观念是相一致的，在法理上是以契约论为基础，须以双方意思表示一致为成立条件，这同漠视当事人结婚自由的古代婚姻相比较，无疑是人类婚姻制度的一大进步。

第二节 婚姻的成立条件

婚姻的成立条件，即婚姻的实质要件，包括结婚的必备条件和结婚的禁止条件。

一、结婚的必备条件

结婚的必备条件，又称结婚的积极要件，是指当事人结婚时必须具备的法定条件。根据我国《婚姻法》的规定，结婚的必备条件包括以下三个方面：

（一）男女双方须有结婚的合意

《婚姻法》第5条规定："结婚必须男女双方完全自愿，不许任何一方对他方加以强迫或任何第三者加以干涉。"本条是关于结婚合意的规定，它是婚姻的基础，包括以下几个方面的内涵：

1. 申请结婚的主体在性别上必须是生理意义上的"男"与"女"。在我国，婚姻登记机关认定男女，不是以出生时的性别为标准，而是以登记结婚时身份证上的性别及户口簿上的性别为标准。我国禁止同性结婚，但变性人的婚姻权利则应当受法律保护，变性人在更改身份证、户籍性别后，有权与异性自愿登记结婚。

2. 结婚当事人必须具有结婚的行为能力。结婚的行为能力是指当事人依法能够独立有效地实施结婚行为，并具有辨认结婚行为后果的能力。这包含两方面的内容：①能够将与对方结婚的意思正确地表达出来；②当事人能自主地、正确地判断婚姻的法律性质和法律意义。判断自然人结婚的行为能力，应当以年龄、智力、健康状况为标准。

3. 结婚双方的意思表示必须具有自愿性、真实性。在确定有无自愿、真实的结婚合意时，不能仅凭当事人外在的表示，还应注意这种外在的表示与当事人的内心意思是否一致。结婚合意中的意思表示不真实，大致可以分为三种情形：①意思表示不自由，如当事人因受胁迫而同意结婚；②意思表示虚假，如双方通谋成立虚构的婚姻；③意思表示错误，如当事人因受欺诈或出于重大误解而同意结婚。

（二）男女双方须达到法定婚龄

法定婚龄是指法律规定的准予结婚的最低年龄，只有双方都达到法定婚龄的，才允许结婚。由于受政治、经济、文化、人口状况、历史传统以及风俗习惯等因素的影响，当代各国对法定婚龄的规定并不一致。目前，世界上绝大多数国家规定的法定婚龄，男子在 14～21 周岁，女子在 12～18 周岁。我国《婚姻法》第 6 条规定："结婚年龄，男不得早于 22 周岁，女不得早于 20 周岁。晚婚晚育应予鼓励。"对该条规定应作如下理解：

1. 我国法定婚龄是男性为 22 周岁，女性为 20 周岁。计算时应注意周岁一律按照公历的年、月、日计算；周岁以 12 个月计算，每满 12 个月即为 1 周岁；周岁从生日次日起计算，也就是说生日当天不算"满多少周岁"。

2. 法定婚龄只是结婚的最低年龄，而非必婚年龄，也非最佳年龄。在规定法定婚龄之后，又以"晚婚晚育应予鼓励"作为导向性的规定。一般来说，晚婚是指男 25 周岁、女 23 周岁以上结婚；晚育是指女性在 24 周岁以后生育第一胎。

3. 为尊重少数民族的风俗习惯，《婚姻法》第 50 条规定："民族自治地方的人民代表大会有权结合当地民族婚姻家庭的具体情况，制定变通规定。"因此，民族自治区可以根据本民族实际情况，对法定婚龄作变通规定。

（三）必须符合一夫一妻制

《婚姻法》第 3 条明确规定"禁止重婚"。《婚姻登记条例》第 6 条规定，办理结婚登记的当事人一方或双方已有配偶的，婚姻登记机关不予登记。这就要求结婚的男女双方必须是无配偶的人，无配偶有未婚、丧偶、离异三种情况。

有配偶者不得再婚，是现代社会各国普遍遵循的原则，只有少部分国家因宗教信仰、历史传统、风俗习惯等原因例外。在实行一夫一妻制的国家，有配偶者又与他人结婚的，构成重婚。

二、结婚的禁止条件

结婚的禁止条件，又称结婚的消极要件，是指法律不允许当事人结婚时存在的婚姻障碍。根据我国《婚姻法》的规定，结婚的禁止条件包括以下两个方面：

（一）禁止一定范围内的血亲结婚

从人类历史发展进程来看，自群婚制开始，人类就有意识地由窄至宽排除了一定范围内亲属的婚配。当今世界各国法律，大多规定了禁止结婚的亲属范围。

1. 禁止一定范围内的亲属结婚的理由。禁止一定范围的亲属结婚，具有优生学、遗传学上的科学根据，体现了人类在婚姻方面的伦理道德观。近亲属结婚往往更容易将一方或双方生理上、精神上的某些疾病和缺陷遗传给后代，以致影响人口素质和民族健康。同时，人类在长期的社会生活中形成的婚配禁忌和两性关系伦理道德观念认为，近亲结婚有碍教化，有悖于婚姻道德，容易造成亲属身份上和继承上的紊乱，在社会效果上产生很大的副作用。

2. 禁止结婚的亲属的范围。以直系血亲为禁婚亲，是世界各国立法的通例。关于旁系血亲的禁婚范围，由于受文化传统和风俗习惯等因素的影响，不同国家的立法颇不一致。我国《婚姻法》第 7 条规定：禁止直系血亲和三代以内的旁系血亲结婚。

（1）所谓"直系血亲"，是指具有直接血缘联系的亲属，包括父母子女、祖父母和孙子女、外祖父母和外孙子女等。无论其亲等或代数，凡是直系血亲之间都禁止结婚。

（2）所谓"三代以内的旁系血亲"，是指同源于祖父母或外祖父母的除直系血亲以外的血亲。具体包括三类：①同源于父母的兄弟姐妹，包括同父同母的全血缘的兄弟姐妹，以及同父异母或同母异父的半血缘的兄弟姐妹；②同源于祖父母或外祖父母的不同辈分的伯、叔、姑与侄子、侄女、舅、姨与外甥、外甥女；③同源于祖父母或外祖父母的辈分相同的堂兄弟姐妹、表兄弟姐妹。

3. 理解禁婚亲需要注意的问题。

（1）关于拟制血亲之间能否结婚的问题。拟制血亲又称"准血亲"或"法定血亲"，是指本来没有血缘关系，但法律上确认其权利义务与自然血亲相同的亲属。拟制直系血亲同样应当适用禁婚血亲的规定。理由主要是：①我国《婚姻法》第 26、27 条规定，养父母与养子女、继父母与受其抚养教育的继子女之间的权利和义务，适用婚姻法对父母子女关系的有关规定。②养子女长期受养父母的抚养，处于被抚养被教育的地位，为了防止收养人利用收养和被收养人结婚，维护被收养人的权利和利益，因此禁止他们之间结婚。③依据伦理道德和社会风俗，养父母子女之间结婚有违社会伦理。无论这种拟制直系血亲关系是否解除，从法律精神和伦理要求上看，都应属于禁止结婚的范围。至于拟制旁系血亲间的通婚，一般认为，只要没有三代以内的旁系自然血亲关系，就没有禁止其结婚的正当理由，可以结婚。

（2）关于姻亲之间能否结婚的问题。姻亲是指配偶一方与另一方的血亲之间因婚姻而产生的亲属关系。关于姻亲间能否结婚的问题，我国婚姻法没有做明文规定。对于旁系姻亲，包括异父异母的兄弟姐妹，只要他们相互之间没有禁止结婚的三代以内的血缘关系，应准予结婚。对于直系姻亲之间应否准予结婚，比如丧偶岳母与丧偶女婿、丧偶公公与丧偶儿媳之间可否结婚，理论和实践中则有不同看法。通说认为，直系姻亲虽无直系血亲的法律地位，但由于直系姻亲之间通婚有悖社会伦理道德和风俗习惯，因此，尽管法律没有明文禁止，但基于伦理要求，应予以限制结婚为宜。

（二）禁止患一定疾病的人结婚

法律禁止患一定疾病的人结婚，其目的是为了防止和避免疾病的传染、遗传，保护结婚当事人利益和社会公共利益的需要。这是许多国家结婚立法的通例。我国《婚姻法》第7条采取的是概括性表述方式，即患有医学上认为不应当结婚的疾病的人，禁止结婚。《婚姻登记条例》第6条规定，办理结婚登记的当事人患有医学上认为不应当结婚的疾病的，婚姻登记机关不予登记。至于哪些疾病是医学上认为不应当结婚的疾病，《婚姻法》并没有作出明确规定，参考《母婴保健法》第8、9、10、38条的相关规定，患有医学上认为不应当结婚的疾病的人，主要包括以下几类：

1. 严重遗传性疾病患者。遗传性疾病是由于遗传因素先天形成的，一般都有明显的家族史，后代再现风险高。所以，患有严重遗传性疾病的，一般不应准予结婚。但是，对于被诊断患有医学上认为不宜生育的严重遗传性疾病的患者，经过男女双方同意，采取长效避孕措施或施行结扎手术后不生育的，可以结婚。

2. 在传染期内的指定传染病患者。患有淋病、梅毒、麻风病、甲型肝炎、开放性肺结核以及医学上认为影响结婚和生育的其他传染病的患者，在传染期内结婚的，会严重危及配偶和后代的健康。未经治愈者，应当暂缓结婚。该传染病已经治愈的，当然可以结婚。

3. 正处在发病期间的有关精神病患者。有关精神病是指精神分裂症、躁狂抑郁型精神病以及其他重型精神病。重型精神病患者丧失了正常人的辨认能力和控制能力，无法认识到结婚这一行为所导致的法律后果，因而无结婚能力。如果重型精神病患者结婚，不仅不利于夫妻和睦、家庭和谐，而且还不利于优生优育。患上述精神病未治愈的，禁止结婚。

在这里需要探讨的是艾滋病患者结婚的相关问题。目前，全世界唯有古巴明确禁止艾滋病人结婚。从人道主义角度出发，艾滋病患者也有追求婚姻幸福的自由，如果是在双方知情的前提下达成结婚的真实意思表示，法律应当保护其结婚的权利。从医学角度而言，艾滋病患者在进行夫妻生活和子女孕育时，通过采取科学措施可以有效地避免病毒的感染和传播。保障艾滋病患者享有结婚的权利，是对婚姻自由原则的提倡，是对人权的尊重和维护。

第三节 婚姻成立的程序

一、婚姻成立程序的概念和类型

婚姻成立的程序，即结婚的形式要件，是指法律规定的缔结婚姻所必须履行的法定手续。婚姻的成立，除要求当事人必须符合结婚的实质要件外，还必须符合一定的形式要件，即必须履行法定的结婚程序后，其婚姻关系才具有法律效力。

纵观各国立法，目前婚姻成立的程序主要有仪式制、登记制和登记与仪式结合制三种类型。

1. 仪式制，是指以当事人公开举行一定的结婚仪式作为婚姻成立形式要件。仪式制的具体表现形式有三种：①宗教仪式，即按照宗教教义的要求，在神职人员主持下举行的结婚仪式，如西班牙、希腊等国；②世俗仪式，即按照民间习俗，在主婚人主持下举行的结婚仪式，这种结婚仪式能反映民族和地域的文化传统，如我国古代以"六礼"为表现形式的聘娶婚；③法律仪式，即依法由政府官员主持的结婚仪式，这实际上是一种行政仪式，如瑞士等国。有的国家规定，宗教仪式和法律仪式具有同等的效力，当事人可择其一，法律均予以承认，如英国、丹麦等国。

2. 登记制，是指以依法到国家授权的登记机关进行结婚登记为婚姻成立唯一形式要件。要求结婚的当事人必须首先向婚姻登记机关提出结婚申请，接受婚姻登记机关的审查，履行登记手续，取得结婚证后，婚姻关系即告成立。登记制既简便易行，也便于国家对结婚行为的管理和监督，如中国、日本、古巴、朝鲜等国均实行登记制。

3. 登记与仪式结合制，是指婚姻成立既要进行登记又要举行仪式，二者缺一不可。采用这一制度的有法国、罗马尼亚、匈牙利、美国部分州等。

二、我国婚姻成立的程序

结婚登记是我国唯一有法律效力的结婚形式。根据我国《婚姻法》和《婚姻登记条例》的有关规定，婚姻成立的程序大致可分为申请、审查和登记三个环节。

（一）申请

我国《婚姻法》第 8 条规定："要求结婚的男女双方必须亲自到婚姻登记机关进行结婚登记。"根据《婚姻登记条例》第 2、4、5 条的规定，内地居民结婚，男女双方应当共同到一方当事人常住户口所在地的婚姻登记机关办理结婚登记。内地居民办理结婚登记的机关是县级人民政府民政部门或者乡（镇）人民政府，省、市、自治区、直辖市人民政府可以按照便民原则确定农村居民办理婚姻登记的具体机关。申请时，办理结婚登记的内地居民应当出具下列证件和证明材料：本人的户口簿、身份证；本人无配偶以及与对方当事人没有直系血亲和三代以内旁系血亲关系的签字声明。离过婚的，还应当持离婚证。

（二）审查

婚姻登记机关受理当事人结婚申请后，应当对当事人的申请依法进行审核和查证。婚姻登记员要审查当事人提交的证件和证明材料是否齐全、完备，证件内容是否与当事人本人的情况完全相符，有无伪造、涂改或冒名顶替的情况。审查中，婚姻登记机关可就需要了解的情况，向当事人提出询问，当事人应当如实回答。必要时，也可进行调查，婚姻登记机关可以要求有关单位和个人提供证明材料，有关单位和个人应当如实提供。

（三）登记

婚姻登记机关对当事人的结婚申请进行审查后，对于符合结婚条件的，应当当场予以登记，发给结婚证。当事人从取得结婚证时起，确立夫妻关系，依法享有配偶的权利，承担配偶的义务。对离过婚的，应当注销其原离婚证件。对于不符合结婚条件的申请，婚姻登记机关不予登记，并向当事人说明理由。

按照《婚姻登记条例》第8、14条的规定，男女双方补办结婚登记和办理复婚登记的，均适用该条例有关结婚登记的规定。

第四节　违法婚姻

一、违法婚姻的概念和特点

违法婚姻，是指不符合法定婚姻要件而形成的非法婚姻关系，包括无效婚姻、可撤销婚姻和事实婚姻。合法缔结婚姻关系以后出现的违反结婚法定要件的婚姻，不属于违法婚姻。

概括而言，违法婚姻的特点主要体现为以下几方面：①婚姻行为具有违法性。婚姻的成立不符合法定结婚实质要件或形式要件。②外在表现为准夫妻性。婚姻当事人之间一般对内以夫妻相待，事实上存在夫妻权利义务关系，对外以夫妻相称，双方公开以夫妻名义共同生活。③形成违法婚姻的责任主体具有多样性。其责任主体既可能是当事人一方或双方，也可能是当事人之外的第三人。④违法婚姻的法律后果具有多样性。违法婚姻因其违法的原因不同，适用法律不同，其法律后果也不尽相同。

二、无效婚姻

无效婚姻，是指男女两性虽经登记结婚，但由于违反结婚的法定条件而不具有法律效力的违法结合。严格地讲，无效婚姻并不是婚姻的一个种类，只是用来说明借婚姻之名而违法结合的一个特定概念，它只是一种同居关系。

（一）婚姻无效的原因

婚姻无效的原因是指依法导致婚姻无效的法定情形或事实。根据《婚姻法》第 10 条的规定，导致婚姻无效的原因有四种：

1. 重婚的。重婚是指有配偶者与他人登记结婚或者以夫妻名义同居生活的违法行为。无论是法律上的重婚，还是事实上的重婚，后一个婚姻关系均属无效。

2. 有禁止结婚的亲属关系的。就我国婚姻法的规定而言，凡直系血亲或三代以内旁系血亲结婚的，婚姻无效。

3. 婚前患有医学上认为不应当结婚的疾病，婚后尚未治愈的。如婚后该疾病已治愈或婚后才患有该疾病的，不得宣告婚姻无效。

4. 未达法定婚龄的。"未到法定婚龄"不是指结婚时未到法定婚龄，而是指在当事人申请宣告婚姻无效时仍未到法定婚龄。

根据最高人民法院《关于适用〈中华人民共和国婚姻法〉若干问题的解释（三）》（以下简称《婚姻法司法解释（三）》）第 1 条的规定，当事人以婚姻法第 10 条规定以外的情形申请宣告婚姻无效的，人民法院应当判决驳回当事人的申请。

（二）婚姻无效的请求权

1. 婚姻无效的请求权主体。婚姻无效的请求权主体，是指有权向人民法院就已经办理结婚登记的婚姻，申请宣告婚姻无效的主体。根据最高人民法院《婚姻法司法解释（一）》第 7 条的规定，申请宣告婚姻无效的主体，包括婚姻当事人及利害关系人。利害关系人包括：以重婚为由申请宣告婚姻无效的，为当事人的近亲属及基层组织；以未到法定婚龄为由申请宣告婚姻无效的，为未达法定婚龄者的近亲属；以有禁止结婚的亲属关系为由申请宣告婚姻无效的，为当事人的近亲属；以婚前患有医学上认为不应当结婚的疾病，婚后尚未治愈为由申请宣告婚姻无效的，为与患病者共同生活的近亲属。

2. 婚姻无效请求权的行使期限。最高人民法院《婚姻法司法解释（一）》第 8 条规定："当事人依据婚姻法第 10 条规定向法院申请宣告婚姻无效的，申请时，法定无效婚姻情形已经消失的，人民法院不予支持。"可见，当事人申请宣告婚姻无效的，必须在法定事由消灭之前提出。婚姻无效的情形已经消失的，该婚姻转化为有效婚姻，承认其婚姻效力，有利于稳定婚姻关系，保护当事人的婚姻权益。

具体而言，以重婚为由申请宣告婚姻无效的，请求权应于重婚者的合法配偶死亡或合法婚姻当事人离婚以前行使；以未达到法定婚龄为由申请宣告婚姻无效的，请求权应于婚姻双方当事人均达到法定婚龄以前行使；以有禁止结婚的拟制血亲为由申请宣告婚姻无效的，请求权应于依法解除拟制血亲关系以前行使；以婚前患有医学上认为不应当结婚的疾病，婚后尚未治愈为由申请宣告婚姻无效的，请求权应于该疾病治愈以前行使。

最高人民法院《婚姻法司法解释（二）》第 5 条补充规定了当婚姻关系当事人一方或双方死亡后，仍然可以提起婚姻无效之诉的期限："夫妻一方或者双方死亡后 1 年内，生存一方或者利害关系人依据婚姻法第 10 条的规定申请宣告婚姻无效的，人民法院应当受理。"

（三）宣告婚姻无效的程序

根据最高人民法院《婚姻法司法解释（一）》第8、9、14条的规定，以及最高人民法院《婚姻法司法解释（二）》第2~7条的规定，在依诉讼程序确认婚姻无效时，应当注意以下几个问题：

1. 对请求确认婚姻无效的诉讼，人民法院应当依法作出判决，不适用调解，并且原告申请撤诉的，不予准许。因为法律规定的婚姻成立的实质要件是强制性规范，不是任意性规范，当事人之间的结合是否具有法律效力，只能根据客观事实依法认定，不允许当事人之间作出妥协。依法判决宣告婚姻无效的同时，人民法院应当收缴双方的结婚证书，并将生效判决书寄送至原婚姻登记机关。婚姻登记机关收到人民法院宣告婚姻无效的判决书副本后，应当将该判决书副本收入当事人的婚姻登记档案。

2. 人民法院在宣告婚姻无效时，应同时对涉及财产分割和子女抚养的争议一并处理，对婚姻效力的认定和其他纠纷的处理分别制作裁判文书。对财产分割和子女抚养等问题的处理，既可以判决结案，也可以调解结案。不服财产分割和子女抚养问题的判决，当事人有权上诉。调解达成协议的，应当制作调解书。

3. 同一婚姻关系离婚和无效婚姻宣告的审理。人民法院受理离婚案件后，经审查确属无效婚姻的，应当将婚姻无效的情形告知当事人，并依法作出宣告婚姻无效的判决。人民法院就同一婚姻关系分别受理了离婚和申请宣告婚姻无效案件的，对于离婚案件的审理，应当待申请宣告婚姻无效案件作出判决后进行。婚姻关系被宣告无效后，涉及财产分割和子女抚养的，应当继续审理。

1994 年 2 月 1 日颁行的《婚姻登记管理条例》曾规定，申请婚姻登记的当事人弄虚作假、骗取结婚登记的，婚姻登记管理机关应当撤销婚姻登记，对结婚、复婚的当事人宣告其婚姻无效并收回结婚证。2003 年 8 月 8 日公布、10 月 1 日起施行的《婚姻登记条例》，已无关于婚姻登记机关宣告婚姻无效的规定。因此，可以认为，目前有权宣告婚姻无效的主体只能是人民法院，即只能依诉讼程序宣告婚姻无效。

（四）婚姻无效的法律后果

1. 无效婚姻的溯及力。根据《婚姻法》第 12 条、最高人民法院《婚姻法司法解释（一）》第 13 条的规定，无效婚姻，自始无效，即无效婚姻在依法被宣告无效时，才确定该婚姻自始不受法律保护。因此，婚姻被依法宣告无效后，无效的效力具有溯及力，双方婚姻关系被法律确认为自始不存在，自始不受法律保护。

2. 对当事人的法律后果。婚姻关系被宣告无效后，当事人不具有合法的夫妻关系，不产生夫妻之间的权利和义务。

在人身关系方面，婚姻关系被宣告无效后，当事人仅认定为同居双方，不产生法定的夫妻人身权利和义务。如双方当事人之间没有法定的扶养义务。

在财产关系方面，由于双方当事人之间不是合法的夫妻关系，根据最高人民法院《婚姻法司法解释（一）》第 15、16 条的规定，双方在同居期间所得的财产不是夫妻共同财产，如果没有证据证明所得的财产为一方所有，人民法院就会按共同共有原则来分割处理。另外，因为没有夫妻这一身份，亦相互没有继承遗产的权利。

3. 对子女的法律后果。由于无效婚姻自始无效，双方当事人所生的子女究竟是婚生子女还是非婚生子女，婚姻法未予以明确规定。从法学理论看，一般认为因为双方当事人没有合法的婚姻关系，其所生子女应为非婚生子女。根据《婚姻法》第

25 条的规定，非婚生子女享有与婚生子女同等的权利，任何人不得加以危害和歧视。这对保护违法婚姻中的子女的权益是十分必要和重要的。

三、可撤销婚姻

我国婚姻法规定的可撤销婚姻，是指男女两性虽经登记结婚，但由于婚姻当事人受胁迫结婚而欠缺结婚的真实意思，受胁迫结婚的一方可以通过向婚姻登记机关或法院请求撤销的婚姻。

（一）婚姻撤销的原因

根据《婚姻法》第 11 条、最高人民法院《婚姻法司法解释（一）》第 10 条的规定，婚姻撤销的原因是"因胁迫结婚的"。这里的"胁迫"，是指行为人以给另一方当事人或者其近亲属的生命、身体健康、名誉、财产等方面造成损害为要挟，迫使另一方当事人违背真实意愿结婚的情况。

根据最高人民法院《婚姻法司法解释（三）》第 1 条的规定，因结婚登记程序存在瑕疵而引起的其他婚姻纠纷，如使用虚假身份、他人代理、登记手续不规范或证件不齐全等，当事人以此为由提起民事诉讼，主张撤销婚姻登记的，人民法院应当告知当事人可以依法申请行政复议或者提起行政诉讼。

（二）婚姻撤销的请求权

1. 婚姻撤销的请求权主体。根据《婚姻法》第 11 条的规定，婚姻撤销的请求权主体仅限于"受胁迫的一方"。这是由于因胁迫而缔结的婚姻，受胁迫方在缔结婚姻关系时，不能真实的表达自己的意愿，为了贯彻执行婚姻自由原则，法律赋予受胁迫方有提出撤销其婚姻效力的请求权，使其能够有机会自愿真实地表达自己对婚姻关系的态度，保护其合法权益。

2. 婚姻撤销请求权的行使期限。《婚姻法》第 11 条明确规定了婚姻撤销请求权的行使期限，即"受胁迫的一方撤销婚姻的请求，应当自结婚登记之日起 1 年内提出。被非法限制人身自由的当事人请求撤销婚姻的，应当自恢复人身自由之日起 1 年内提出"。最高人民法院《婚姻法司法解释（一）》第 12 条进一步说明："婚姻法第 11 条规定的'1 年'，不适用诉讼时效中止、中断或者延长的规定。"这是为了避免可撤销的婚姻关系长期处于一种不稳定状态，从而更好地保护婚姻双方当事人的合法权益，特别是双方当事人所生子女的利益，以利于家庭、社会的稳定。

（三）婚姻撤销的程序

根据《婚姻法》第 11 条的规定，有权撤销婚姻的机关是婚姻登记机关和人民法院。婚姻撤销请求权人可以依行政程序到婚姻登记机关申请撤销婚姻，也可以依诉讼程序到人民法院申请撤销婚姻，选择适用何种程序由受胁迫方自行决定。

根据《婚姻登记条例》第 9 条的规定，依照行政程序撤销婚姻的，受胁迫的当事人应当向婚姻登记机关出具的证明材料包括：本人的身份证、结婚证；能够证明受胁迫结婚的证明材料。婚姻登记机关经审查认为受胁迫结婚的情况属实且不涉及子女抚养、财产及债务问题的，应当撤销该婚姻，宣告结婚证作废。申请撤销婚姻时，若涉及子女抚养、财产及债务问题还没有解决的，只能依诉讼程序撤销该婚姻。

根据最高人民法院《婚姻法司法解释（一）》第 11、14 条的规定，人民法院审理婚姻当事人因受胁迫而请求撤销婚姻的案件，应当适用简易程序或者普通程序。人民法院依法撤销婚姻的，应当收缴双方的结婚证书，并将生效的判决书副本寄送原婚姻登记机关，婚姻登记机关应当将该判决书副本收入当事人的婚姻登记档案。

（四）婚姻撤销的法律后果

根据《婚姻法》及其司法解释的相关规定，婚姻撤销的法律后果和婚姻无效的法律后果基本相同，这里就不再重复分析。

四、事实婚姻

（一）事实婚姻的概念和特征

事实婚姻是法律婚姻的对称。一般认为，事实婚姻是指符合结婚实质要件的男女，未办理结婚登记而公开以夫妻名义同居生活，周围群众也认为是夫妻关系的两性结合。

事实婚姻有以下几个方面的特征：①主观目的性，即当事人双方主观上具有创设夫妻法律关系的意愿，这一特征使事实婚姻与通奸、姘居等非婚两性关系区别开来；②客观现实性，即当事人双方有以夫妻名义共同生活的事实；③关系公示性，即事实婚姻应当是公开的，两人以夫妻名义的同居生活得到了周围群众的认可；④实质符合性，即双方符合结婚实质要件，这是事实婚姻区别于无效婚姻和可撤销婚姻的基本因素；⑤形式欠缺性，当事人的夫妻名义同居生活没有履行结婚登记程序，不具有法定的结婚形式要件，这是事实婚姻与法律婚姻的主要区别。

（二）我国法律对待事实婚姻的态度

新中国成立后，根据我国的实际情况，在不同的时期对事实婚姻的态度是不同的。具体而言，主要分为以下阶段：

1. 相对承认事实婚姻法律效力阶段。新中国成立以后，1950年《婚姻法》明确规定结婚必须进行婚姻登记。1956年11月14日最高人民法院《关于未登记的婚姻在法律上的效力问题的复函》、1979年2月最高人民法院《关于贯彻执行民事政策法律的意见》的相关规定表明，在该时期对只缺欠结婚形式要件的事实婚姻是一律承认其效力的，实行与法律婚姻同等对待。

1984 年 8 月 30 日最高人民法院《关于贯彻执行民事政策法律若干问题的意见》，要求起诉离婚时双方必须符合结婚的实质要件，而将虽以夫妻名义同居生活，但起诉时双方或一方不符合结婚实质要件的，作为非法同居关系处理。1989 年 11 月 21 日最高人民法院发布的《关于人民法院审理未办理结婚登记而以夫妻名义同居生活案件的若干意见》指出，"为保护妇女和儿童的合法权益，有利于婚姻家庭关系的稳定，维护安定团结，在一定时期内，有条件的承认其事实婚姻关系，是符合实际的。"并进一步对认定事实婚姻进行了限制：在 1986 年 3 月 15 日《婚姻登记办法》施行以前，未办结婚登记手续即以夫妻名义同居生活，群众也认为是夫妻关系的，一方起诉"离婚"，如起诉时双方均符合结婚的法定条件，可认定为事实婚姻关系；在 1986 年 3 月 15 日《婚姻登记办法》施行之后，未办结婚登记手续即以夫妻名义同居生活，群众也认为是夫妻关系的，一方起诉"离婚"，如同居时双方均符合结婚的法定条件，可认定为事实婚姻关系，否则，应认定为非法同居关系。

2. 不承认事实婚姻法律效力阶段。1994 年 2 月 1 日实施的《婚姻登记管理条例》第 24 条规定："未到法定结婚年龄的公民以夫妻名义同居的，或者符合结婚条件的当事人未经结婚登记以夫妻名义同居的，其婚姻关系无效，不受法律保护。"这意味着，以 1994 年 2 月 1 日为界限，此后形成的事实婚姻关系，不再承认其法律效力，按非法同居关系处理。应当注意的是，这个规定没有溯及既往的效力。

事实婚姻在民事方面不再具有法律效力，但在刑事方面仍承认事实婚姻的婚姻事实，并据此追究当事人重婚罪的法律责任。对此，最高人民法院《关于〈婚姻登记管理条例〉施行后发生的以夫妻名义非法同居的重婚案件是否以重婚罪定罪处罚的批复》（法复〔1994〕10 号）作了规定：《婚姻登记管理条例》发布施行后，有配偶者与他人以夫妻名义同居生活的，或者明知他人有配偶而与之以夫妻名义同居生活的，仍应按照重婚罪定罪处罚。这即是所谓的事实重婚。

3. 事实婚姻法律效力待定阶段。2001 年 4 月 28 日《婚姻法》修正后，第 8 条规定："未办理结婚登记的，应当补办登记。"对此，最高人民法院《婚姻法司法解释（一）》第 4、5 条对事实婚姻的处理作了明确的规定：

（1）男女双方根据《婚姻法》第 8 条规定补办结婚登记的，婚姻关系的效力从双方均符合婚姻法所规定的结婚的实质要件时起算。也就是说，补办结婚登记具有溯及力，使其婚姻效力转正。

（2）对于未按《婚姻法》第 8 条规定办理结婚登记而以夫妻名义共同生活的男女，起诉到人民法院要求离婚的，应当区别对待：①1994 年 2 月 1 日之前，男女双方已经符合结婚实质要件的，按事实婚姻处理，具有合法婚姻的效力；②1994 年 2 月 1 日之后，男女双方符合结婚实质要件的，人民法院应当告知其在案件受理前补办结婚登记。其一，补办了结婚登记的，婚姻关系的效力从双方均符合婚姻法所规定的结婚实质要件时起算。离婚时关于子女的抚养、财产的分割及对生活困难一方的经济帮助等问题，适用《婚姻法》第 36～42 条的有关规定。其二，未补办结婚登记的，形成的是同居关系，人民法院不予受理。其根据是最高人民法院《婚姻法司法解释（二）》第 1 条第 1 款的规定："当事人起诉请求解除同居关系的，人民法院不予受理。但当事人请求解除的同居关系，属于婚姻法第 3 条、第 32 条、第 46 条规定的'有配偶者与他人同居'的，人民法院应当受理并依法予以解除。"同时，第 2 款规定："当事人因同居期间财产分割或者子女抚养纠纷提起诉讼的，人民法院应当受理。"具体分割财产时，同居生活期间双方共同所得的收入和购置的财产，按一般共有财产处理；同居生活期间双方各自继承或受赠的财产，应按个人财产对待；同居生活期间因为共同生活和经营所形成的债权债务，可按共同债权债务处理。

有学者认为，这"实际上是有条件地承认事实婚姻"[1]。在立法上再三明确结婚登记的重要性和必要性，同时强调事实婚姻法律效力待定，有待于当事人采取积极的态度予以确定。对 1994 年 2 月 1 日之后出现的符合结婚实质要件的事实婚姻，通过补办结婚登记，使事实婚姻关系转变为合法的婚姻关系，间接完成对事实婚姻法律效力的确认。

【案例分析】
张力与王华之间是事实婚姻还是非婚同居？

案情： 张力（男）与王华（女）从 1994 年 5 月开始，没有办理结婚登记即以夫妻名义同居生活。同居时张力为 23 周岁、王华为 21 周岁，两人原来均无配偶，双方同居是自愿的；他俩不是三代以内的旁系血亲，也没有医学上认为不能结婚的疾病。周围群众均视他们二人为夫妻关系。2009 年 1 月，张力因患心脏病死亡。当王华要求继承张力的遗产时，遭到张力的兄姐拒绝。他们提出：张力与王华没有办理结婚登记的手续，不是合法的夫妻关系，不能继承张力的遗产。请问：①王华与张力是一种什么样的关系？②王华能否分得张力的遗产？

分析： ①王华与张力是同居关系，不是事实婚姻。在本案中，王华与张力是 1994 年 5 月同居的，虽然双方符合婚姻成立的实质条件，但未办理结婚登记手续，根据最高人民法院司法解释，两人属于同居关系。②王华不能以妻子身份继承张力的

---

[1] 巫昌祯、杨大文主编：《中华人民共和国婚姻法释义与实证研究》，中国法制出版社 2001 年版，第 55 页。

遗产，但由于王华和张力存在同居生活的事实，根据《继承法》第 14 条的规定，王华可以以法定继承人以外对被继承人扶养较多的人的身份，分得张力的适当遗产。

王林与刘英的婚姻有效吗？

案情：2012 年 2 月，已恋爱一年多的王林与刘英准备办理结婚登记手续，双方均符合婚姻法所规定的结婚实质要件。由于刘英有事走不开，王林便带着两人的身份证、户口本、相片等有关材料，在民政部门找到熟人办理了结婚登记手续，其中，本应由刘英签名的事项全由王林代签。登记后，双方在一起共同生活，但由于性格不合，经常争吵。2013 年 5 月，刘英以自己未亲自到民政部门办理结婚登记为由，要求法院确认双方的婚姻关系无效。王林则提出，刘英将有关证件交出表明其真实意思是愿意缔结婚姻关系，且双方事实上也以夫妻的身份在一起生活了，因此双方的婚姻关系有效。请问法院应该如何认定？

分析：结婚登记需要亲自办理，不适用民法上有关代理的规定，目的是要通过登记程序来审查双方当事人对缔结婚姻的主观意愿，判断双方是否有婚姻的合意。《民法通则》第 55 条规定，民事法律行为不能违反法律或者社会公共利益；第 58 条又规定，违反法律或社会公共利益的民事行为无效。因此，法院应认定双方的婚姻关系无效。

【相关法条及解释】

1. **《婚姻法》第 8 条**　要求结婚的男女双方必须亲自到婚姻登记机关进行结婚登记。符合本法规定的，予以登记，发给结婚证。取得结婚证，即确立夫妻关系。未办理结婚登记的，应当补办登记。

2. **《婚姻法司法解释（一）》第 5 条**　未按婚姻法第 8 条规

定办理结婚登记而以夫妻名义共同生活的男女，起诉到人民法院要求离婚的，应当区别对待：

（一）1994年2月1日民政部《婚姻登记管理条例》公布实施以前，男女双方已经符合结婚实质要件的，按事实婚姻处理；

（二）1994年2月1日民政部《婚姻登记管理条例》公布实施以后，男女双方符合结婚实质要件的，人民法院应当告知其在案件受理前补办结婚登记；未补办结婚登记的，按解除同居关系处理。

3. 《婚姻法司法解释（一）》第6条　未按婚姻法第8条规定办理结婚登记而以夫妻名义共同生活的男女，一方死亡，另一方以配偶身份主张享有继承权的，按照本解释第5条的原则处理。

4. 《继承法》第14条　对继承人以外的依靠被继承人扶养的缺乏劳动能力又没有生活来源的人，或者继承人以外的对被继承人扶养较多的人，可以分配给他们适当的遗产。

【思考题】

1. 我国婚姻法规定的婚姻的成立条件有哪些？

2. 在我国婚姻成立需要经历何种程序？实行结婚登记制度的意义是什么？

3. 我国违法婚姻的法律后果有哪些？

第四章

夫妻关系

【内容提要】 夫妻是婚姻关系存续中的男女双方，法律上的夫妻是指男女双方以永久共同生活为目的，依法自愿缔结的具有权利义务内容的两性结合。夫妻关系在现代家庭关系中占据着重要地位，在法律上集中表现为两个方面：一是人身关系，二是财产关系。人身关系是指与夫妻间存在的与配偶身份紧密相连而没有直接经济内容的权利义务关系。该关系根源于婚姻的内在属性和社会功能，根植于人伦道德要求，包括夫妻姓名权、人身自由权、住所决定权等内容。财产关系指夫妻间具有经济内容的权利义务关系，是夫妻人身关系的外化表现和对婚姻、家庭这一身份共同体的财产性法律规制。

第一节 夫妻关系的特征和法律地位

一、夫妻关系的特征

夫妻是婚姻关系存续中的男女双方。一般意义上的夫妻关系是基于婚姻而形成的具有经济、感情、伦理和法律等多方面内容的特定社会关系，由道德、习惯加以调整。法律上的夫妻关系则是指由法律规定的夫妻双方之间的权利义务关系。夫妻关系具有如下特征：

1. 必须是男女两性合法的结合。男女双方符合法律所规定的结婚条件，并履行了法定的结婚手续，才能结为夫妻。男女两性间任何形式的非法结合（如重婚、非法同居）都不是夫妻关系。

2. 必须以永久共同生活为目的。男女双方不以永久共同生活为目的之结合（如同居协议），不是夫妻关系。

3. 夫妻是共同生活的伴侣。夫妻必须共同承担生育和抚养子女、赡养和扶助老人等责任。

4. 夫妻关系具有专属性。夫妻关系是基于配偶身份而产生的权利和义务关系，这种权利和义务是仅仅属于具有配偶身份的男女之间，而且是对等的。

二、夫妻关系的法律地位

夫妻双方在家庭中的地位是与男女两性的社会地位相一致的。夫妻关系的性质和特点取决于一定的社会制度。随着社会经济基础及与之相适应的婚姻家庭关系的发展，夫妻在家庭中的地位也相应地发生变化。从发展脉络看，夫妻关系的立法大致经历了以下几个发展阶段：

（一）男尊女卑、夫权统治时期

这是指在奴隶社会、封建社会，礼制和法律调整夫妻关系的规范多采取"夫妻一体主义"。即夫妻二人因婚姻成立在法律上合二为一，人格相互吸收。夫妻在家庭中的地位，以男尊女卑、夫权统治为特征。我国古籍载："男帅女，女从男，夫妇之义由此始也，妇人从人者也，幼从父兄，嫁从夫，夫死从子。""夫者，妻之天也。""夫为妻纲。"这些都表明夫妻关系完全是一种尊卑、主从关系。这种不平等的关系被法律公开确认。

（二）在法律形式上渐趋平等的时期

这是指资本主义社会的夫妻关系，夫妻在法律上渐趋平等。自资产阶级革命胜利以来，自由、平等、民主等思想得以确立，法律面前人人平等。资产阶级提出"婚姻契约论"，并用以指导婚姻立法。这种契约论虽然有一定局限性，但它也承认了男女双方在结婚上的平等地位，具体到夫妻关系上，倡导"夫妻别体主义"原则，即男女在婚后各自保留独立人格，各自具有独立的行为能力，夫妻在家庭中地位平等。以个人为本位的婚姻家庭立法原则的确立，向传统的夫权统治提出了挑战，是一种历史的进步。但是，资本主义国家早期的亲属法带有明显的封建残余，对已婚妇女的人身权利和财产权利，以至她们的行为能力都作了各种限制。

（三）从法律上的平等向实际上的平等过渡的时期

这是指社会主义的夫妻关系。这一时期，夫妻关系不再是过去那种尊卑、主从关系，而是新型的地位平等、人格独立的关系。但由于我国目前尚处于社会主义初级阶段，夫妻不平等的现象在一些家庭中仍然存在，妇女在家庭中的地位与法律的规定还存在一定差距。

第二节　夫妻的人身关系

一、夫妻人身关系的概念

夫妻人身关系是指夫妻之间存在的与配偶身份紧密相连而无直接经济内容的权利义务关系，表现为夫妻共同生活、互相扶助，主要包括姓氏权、同居义务、忠实义务、婚姻住所商定权和日常家事代理权等内容。夫妻人身关系决定着夫妻财产关系，夫妻财产关系从属于夫妻人身关系。

婚姻作为一种特殊的社会组织，承担着生育繁衍、养老育幼、情感慰藉等功能。具有独立人格的夫妻之间具有相应的身份关系是实现这些功能的基础。婚姻效力的法律规定体现了社会对男女两性关系的基本立场和态度，旨在依照社会要求分配夫妻之间婚姻利益与负担，形成婚姻的内部秩序。各国婚姻家庭法关于婚姻身份效力的规定主要包括三个方面的内容：①基于对夫权、家长权的否定，在夫妻关系上强化配偶人格权；②与婚姻本身密切相关的身份效力，如同居义务、忠实义务等；③以夫妻身份权利为前提而派生出来的财产性权利，如共同财产权、相互扶养权、相互遗产继承权等，一般被称为夫妻财产权。

二、夫妻姓名权

姓名，是姓与名的结合，是确定和代表社会成员个体与其他人相区别的文字符号和标记。其中姓氏标志着家族血缘团体的称号，体现每个社会成员所属的亲属团体；名则是代表每个个人的语言符号。姓名结合，意味着个人与群体之间的内在联系，具有重要的社会功能。

姓名权是指公民有决定、使用和依法变更自己姓名并排除他人干涉或者非法使用的权利。姓名权是人格权的重要组成部分，是基于人身关系而产生的一项重要民事权利，有无使用自己姓名的权利是夫妻双方有无独立人格的标志。

在我国封建社会，婚姻多实行"男娶女嫁"的结婚方式。女子婚后即加入夫宗，冠以夫姓而丧失姓名权，这是人身依附关系的表现。国民政府颁布的《民法·亲属编》第1000条规定："妻以其本姓冠以夫姓，赘夫以其本姓冠以妻姓，但当事人另有订定者不在此限。"该规定虽然指出夫妻双方可以约定自己的姓氏，但仍带有明显的封建残余。

新中国成立后，为充分体现和保证男女平等，提高妇女的法律地位，法律对姓名权加以严格保护和确认。《民法通则》第99条规定："公民享有姓名权，有权决定、使用和依照规定改变自己的姓名，禁止他人干涉、盗用、假冒。"1950年和1980年两部《婚姻法》都规定，夫妻双方都有各用自己姓名的权利。这意味着夫妻各自享有的姓名权，不因婚姻成立或终止而变化。当然，夫妻双方就姓名权问题另作约定的除外，如果夫妻双方自愿达成一致的协议，无论是夫妻各自使用自己的姓、男女同姓或者相互冠姓，法律都是允许的。

三、夫妻双方都有参加生产、工作、学习和社会活动的自由

夫妻人身自由权，是指夫妻从事社会职业、参加社会活动、进行社会交往的权利，是夫妻双方家庭地位平等的重要标志。

新中国成立以来，大力宣传男女平等、妇女解放，号召广大女性从家庭中走出来，参加社会生产劳动。1950年《婚姻法》第9条规定，夫妻双方均有选择职业、参加工作和参加社会活动的自由。1980年《婚姻法》第11条进一步规定，夫妻双方都有参加生产、工作、学习和社会活动的自由，一方不得对他方加以限制或干涉。这些规定为夫妻平等地行使权利和承担义务提供了法律保障。虽然平等地适用于夫妻双方，但就针对性而言，主要是保障已婚女性的人身自由权。此外，我国还专门制定了《妇女权益保障法》，对包括人身权利在内的各项妇女权利加以保护。

四、夫妻的婚姻住所决定权

婚姻住所是指夫妻婚后共同居住和生活的场所，也是夫妻行使权利和履行义务的场所。婚姻住所决定权是指夫妻在平等

协商的基础上，选择、决定夫妻婚后共同生活住所的权利。对于婚姻住所由谁决定，古今中外立法有不同的规定。在奴隶社会和封建社会实行"男娶女嫁"的结婚方式，夫妻关系是男尊女卑、夫为妻纲、妻从属于夫，普遍实行"妻从夫居"的婚居方式，婚姻住所决定权掌握在丈夫手中。资产阶级国家建立后，各国立法的早期通例仍明确将婚姻住所决定权授予丈夫。现代社会以来，随着男女平权观念的深入及女权运动的发展与影响，夫妻平等意识渐入人心。各国法律大都转向婚姻住所由夫妻共同决定。我国《婚姻法》第9条规定："登记结婚后，根据男女双方约定，女方可以成为男方家庭的成员，男方可以成为女方家庭的成员。"这一规定表明在我国的婚姻家庭中，夫妻平等地享有婚姻住所决定权，体现了男女双方享有平等的婚姻住所决定权的立法精神，是对我国传统的"妇从夫居"这一婚姻居住方式的重要改革。

五、夫妻双方都有实行计划生育的义务

计划生育是我国的基本国策，亦是婚姻家庭法的基本原则。因此，夫妻双方均应履行计划生育义务。《婚姻法》既通过调整婚姻家庭关系而间接作用于生育关系，也直接调整生育关系。现行《婚姻法》第16条规定："夫妻双方都有实行计划生育的义务。"这主要有三层含义：

1. 实行计划生育是夫妻双方的法定义务。计划生育既然是基本国策，就要求全体公民严格遵守，实行计划生育作为夫妻的法定义务，具有强制性。

2. 实行计划生育必须破除"重男轻女"的封建思想。由于封建礼制的影响，在我国"多子多福"、"重男轻女"、"不孝有三，无后为大"等封建思想还有一定影响，一些人由于受传宗接代思想的影响，不惜违反计划生育政策，超生多生。

3．实行计划生育是夫妻双方的法定权利。计划生育既是夫妻双方的法定义务，也是双方的一项法定权利。夫妻享有国家法律规定生育子女的自由和权利，任何人不得干涉；同时，夫妻双方也有不生育的自由和权利，任何人不得强迫或干涉。育龄夫妻有权根据国家法律以及自身情况，决定是否生育、何时生育。

《婚姻法》规定夫妻负有计划生育的义务，虽然突出了它的义务性质，但绝不是对公民生育权利的否定。当然，法律权利不等于不受限制的"自由"，生育权利也不等于"生育自由"。

六、日常家事代理权

日常家事代理权是指夫妻一方在处理日常家庭事务或因该类事务而与第三人交往时互为法定代理人。夫妻一方的意思或行为视同夫妻双方共同的意思表示，夫妻双方共同承担代理行为产生的后果，夫妻一方对对方从事家事行为产生的债务承担连带责任。

我国《婚姻法》没有明文规定夫妻日常家事代理权，而是强调夫妻相互协商、共同处理家庭生活问题。但从具体内容来看，包含了日常家事代理的精神。《婚姻法司法解释（一）》第17条规定，夫妻因日常生活需要而处理夫妻共同财产的，任何一方均有权决定。这是我国内地婚姻法对于家事代理权的第一次明确表态。

七、同居及忠实义务

（一）同居义务

同居是指男女双方以配偶身份共同生活，包括物质生活、精神生活和夫妻性生活等重要内容。同居是婚姻自然属性必然派生出来的权利，是夫妻共同生活必不可少的内容。法律规定夫妻有同居的权利和义务，将人的本能需求合理地置于婚姻制度保护之下，使婚姻与人的本性相协调。同居也是婚姻社会属性的要求，其从本质上就是一种共同生活关系。

（二）忠实义务

忠实义务是指夫妻间在性生活上应互守贞操，保持专一的义务；也包含夫妻一方不得遗弃他方，不得为第三方利益牺牲、损害配偶他方利益。

忠实针对夫和妻而言，在婚姻关系存续期间，夫妻各方均有权要求对方忠于自己，不与婚外异性发生或保持性关系。婚姻忠实义务主要出于以下几点原因：①夫妻相互忠实是落实一夫一妻制度的根本要求；②夫妻相互忠实是婚姻当事人共同一致的强烈要求；③夫妻相互忠实是子女血缘清白的保证和配偶身心健康的需要；④明确夫妻有相互忠实的法定义务，为调整婚姻关系的其他具体制度提供了法律依据。

我国现行《婚姻法》没有明确规定夫妻忠实义务，只是在第4条中要求"夫妻应当互相忠实，互相尊重"。而《婚姻法司法解释（一）》第3条规定："当事人仅以婚姻法第4条为依据提起诉讼的，人民法院不予受理；已经受理的，裁定驳回起诉。"这表明我国《婚姻法》第4条的规定仅仅是一个倡导性的规范，而不是权利义务规范。

八、夫妻之间有相互扶养的权利和义务

广义的扶养指一定范围的亲属间相互扶养和扶助的法定权利和义务，是赡养、扶养、抚养的统称。狭义的扶养是指平辈亲属之间相互在经济上的供养和生活上的扶助的法定权利和义务。我国《婚姻法》上的扶养，专指夫妻间相互供养与生活扶助的法定权利和义务。

夫妻间相互扶养的权利和义务是配偶权的重要内容，也是

配偶身份关系和婚姻共同体的物化表现。现行《婚姻法》第 20 条规定："夫妻有相互扶养的义务。一方不履行扶养义务时，需要扶养的一方，有要求对方付给扶养费的权利。"可见，夫妻之间的互相扶养既是权利又是义务。夫妻之间不得以约定形式改变这种法定义务。目前，我国《婚姻法》对扶养程度没有规定。但根据夫妻家庭地位平等的精神，应包括供给被供养人全部生活必需费用以及精神和生活上的扶助。

第三节　夫妻的财产关系

一、夫妻财产制的概念

夫妻财产制又称婚姻财产制，是指规范有关夫妻婚姻前后财产归属、管理、使用、收益和处分等内容的法律制度。夫妻财产制关系着婚姻家庭基本物质生活条件，又与民事交易安全密切相关，因而受到各个国家和地区婚姻家庭法的重视。该制度的核心是夫妻婚前和婚后所得财产的所有权问题。

二、夫妻财产制的类型

根据夫妻财产制的内容，该制度主要分为吸收财产制、统一财产制、共同财产制、分别财产制、联合财产制等类型。

（一）吸收财产制

吸收财产制是古代通行的夫妻财产制度，是指除夫的财产为其本人专有外，妻子携入的财产和婚后所得的财产的所有权、管理权以及用益权皆归属于夫；只有个别情况，夫应在婚姻关系解除时返还妻的财产。

（二）统一财产制

统一财产制是指婚后除特有财产外，将妻子的婚前财产估定价额，将所有权转归丈夫所有，妻子则保留在婚姻关系终止时，对此项财产原物或价金的返还请求权。这种财产制度将妻的婚前财产所有权转变为对夫的一种债权，使女方处于极为不利的地位，带有明显的夫权主义色彩。虽然较之吸收财产制是一种进步，但却有悖于男女平等原则，多为早期资本主义立法所采用，现代各国已很少采用。

（三）共同财产制

共同财产制是指婚后除选择约定财产制外，夫妻的全部财产或部分财产归双方共同所有，按照共同共有原则来行使权利、承担义务，婚姻关系终止时加以分割。以共同范围的不同，又具体划分为一般共同制、动产及婚后所得共同制、婚后所得共同制、婚后劳动所得共同制和剩余共同财产制等形式。共同财产制的根本在于谋求夫妻经济生活与身份的一致、内部与外部的一体，既符合婚姻共同体的本质目的，又能保障从事家务劳动而无收入或收入较低一方的权益。

（四）分别财产制

分别财产制是指夫妻婚前、婚后所得的财产归各自所有，独自管理、使用、收益和处分，不受对方的支配和干涉的财产制度。只有在取得对方同意的条件下，一方才能处分另一方的财产。夫和妻各自所得及其孳息都归各自所有，配偶没有婚前财产和婚后财产之分，也无特有财产之说，婚姻共同生活费用由夫妻共同承担。婚姻关系终止时，对夫妻财产通过结算予以分配或继承。分别财产制度保证了已婚妇女独立的财产权，从理论上看，是最典型的夫妻平等的财产制度。

（五）联合财产制

联合财产制又称为管理共同制或收益共同制，指夫妻的婚前和婚后所得财产仍归各自所有，除特有财产外，将夫妻财产联合在一起，由夫管理、收益。夫对妻原有的财产享有占有、使用、管理、收益和必要的处分权，丈夫负责家庭生活费用和财产管理费用，妻子不再负担家庭费用，婚姻关系终止时，妻的财产由其本人收回或其继承人继承。

三、我国的法定夫妻财产制

（一）我国法定夫妻财产制的立法沿革

我国古代的礼法在夫妻财产上实行宗族或者家庭成员财产共有的"同居共财"制度，无独立的夫妻财产制度可言。近代以来，清末及北洋政府的律令基本上也依照原有的夫妻财产制度。1930 年国民政府颁布的《民法·亲属编》，借鉴欧洲大陆法系各国立法例，规定联合财产制为法定夫妻财产制，其主要内容是除特有财产外，结婚时属于夫妻之财产及婚姻关系存续中夫妻所取得之财产为其联合财产，由夫管理并负担管理费用，妻对于本人之原有财产保有所有权，但夫享有用益权及孳息的所有权，夫对妻之原有财产为处分时应征得妻之同意，但为管理上所必要之处分除外。显而易见，这是一种片面维护夫方权益的不平等财产制度。

新中国成立后，1950 年颁布的《婚姻法》全面废除封建夫权，实行男女平等的法律制度，妻子在财产上与男子有同等的权利。第 10 条规定："夫妻双方对于家庭财产有平等的所有权和处理权。"1980 年《婚姻法》对夫妻财产制度作了必要的修正：①将法定夫妻财产制由原来的一般共同制改为婚后所有共同制；②将"家庭财产"改为"夫妻财产"；③明确规定夫妻可以在法定共同财产制之外另行约定，即承认约定财产制。1980 年《婚姻法》是在计划经济的背景下出台的，当时夫妻财产的基本状况是：夫妻财产的数量少、种类单一、财产关系相对简单。在这部法律实施 20 年之后，我国社会政治、经济、文化、人们的价值观念和生活方式发生了翻天覆地的变化，夫妻财产关系亦出现了新内容、新情况。1980 年《婚姻法》逐渐暴露出一些不足，不能完全适应我国经济关系发展和公民财产关系的需要。

（二）我国现行的法定夫妻财产制

2001 年修订的《婚姻法修正案》关于夫妻财产制的规定有两个特点：①将婚前个人财产和婚后所得财产权属作了明确的规定；②明确区分了婚后所得中属于双方共有的财产和个人特有财产。我国现行《婚姻法》所确立的夫妻财产制度历经 10 余年，在此期间，我国社会经济状况发生了极大变化，在婚姻家庭领域的财产关系上也有新的反映。所以，最高人民法院分别于 2001 年 12 月、2003 年 12 月、2011 年 7 月通过三次司法解释进行补充。

1. 夫妻共同财产。按现行《婚姻法》的规定，我国实行婚后所得共同制。根据法律规定，凡是被认定为夫妻共同财产的，必须具备三个要件：①必须是在夫妻关系存续期间双方合法取得的财产。婚姻关系被法律承认前和依法终止后双方所得以及各种非法所得均不属于夫妻共同财产。②必须是未被双方约定为个人所有财产或约定无效的婚后所得。凡是已经被有效约定为个人所得财产的不再视为夫妻共同财产。③必须是法定个人特有财产以外的双方婚后所得财产。夫妻共同财产的内容排除个人特有财产，其范围具有法定性。

根据现行《婚姻法》第 17 条的规定，在夫妻关系存续期间所得的下列财产，归夫妻共同所有：

（1）工资、奖金。指一切为国家机关、社会团体、企事业单位和其他从事劳务活动所获得的收入，既包括从事上述劳务活动而获得的固定工资、定额奖金，也包括不定期和不定额的其他奖励和实物，还应包括在职期间从事其他劳务活动的收入；既包括从事固定工作获得的工资和奖金，也包括从事临时性劳作获得的报酬，以及用这些收入购置的动产、不动产。无论夫妻各方收入多寡、有无收入，均不影响他们对财产的共有权。毕竟婚姻是夫妻共同经营的事业，无论是配偶双方参加职业劳动谋得收入，还是一方劳动所得而另一方料理家务、养育子女，都同样是为家庭共同事业作贡献。

（2）生产、经营收益。这里的生产、经营既包括从事生产活动、商业活动，也包括在工业、农业、服务业、信息业、金融证券业等领域从事组织管理、承包、租赁、投资等经营活动。依照法律规定，如果当事人没有就有关财产的归属作出约定或约定无效的，在婚姻关系存续期间的收益，不论是一方或双方进行的生产活动，收益均应归夫妻共同所有；进行经营活动的，无论是单独的还是共同的投资经营，所得收益均应视为夫妻共同财产，所负债务也应视为夫妻共同债务，法律另有规定的依照其规定。

（3）知识产权收益。知识产权作为一种智力成果权，包括著作权、商标权、专利权、发明权和发现权等，是与特定人身密不可分的人身权和财产权。知识产权中的人身权具有人身专属性，属于权利人个人所有，不为夫妻共有。但因知识产权而取得的财产收益，如专利转让费、作品稿酬等，属知识产权中的财产权，应为夫妻共同共有。《婚姻法司法解释（二）》第12条规定："婚姻法第17条第3项规定的'知识产权的收益'，是指婚姻关系存续期间，实际取得或者已经明确可以取得的财产性收益。"

（4）非特定性的继承或受赠财产。继承所得的财产，指依《继承法》规定，夫妻一方或双方继承的积极财产，即以遗产清偿被继承人所欠的税款和债务后所剩余的财产。受赠财产，是指因赠与合同所得的财产。在婚姻关系存续期间，夫妻一方依法定继承或双方依遗嘱继承所得遗产以及夫妻双方依赠与合同共同所得的财产为夫妻共同财产。但在婚姻关系存续期间，夫妻一方依遗嘱继承所得遗产以及夫妻一方依赠与合同所得的财产为夫妻个人财产。这一规定一方面从关注家庭、满足婚姻共同体存在所必需的财产出发，体现了对夫妻共同财产权益的保障；另一方面，又尊重了公民对个人所有财产的处分权，贯彻了保护个人财产所有权的法律原则。

（5）夫妻一方个人财产在婚后产生的收益，除孳息和自然增值外，应认定为夫妻共同财产。

（6）其他应当归夫妻共同所有的财产。由于现实生活的复杂性和夫妻财产的多样性，法律难以对婚后所得且应归双方共有的财产全部罗列，所以最后如此规定。

2. 夫妻个人特有财产。夫妻个人特有财产亦称夫妻保留财产，是指在实行夫妻共同财产制的同时，依照法律规定或双方约定，各自保留一定范围的财产为个人所有并排斥夫妻共有，夫或妻独立享有对该项财产的占有、使用、收益和处分权。个人特有财产制以共同财产制为前提，是对夫妻共同财产制的补充和限制。依照《婚姻法》第 18 条的规定，下列财产属于个人特有财产：

（1）一方的婚前财产。婚前财产是指夫妻双方婚姻关系正式成立之前各自所有的财产，包括婚前个人劳动所得、继承或受赠的财产以及其他合法财产。

（2）一方因身体受到伤害获得的医疗费、残疾人生活补助费等费用。这类费用带有强烈的人身专属性，且与保护特定当事人的生命健康权紧密相关，只能作为夫妻个人特有财产，因此应当被排除在夫妻共同财产范围之列。

（3）遗嘱或赠与合同中确定只归夫或妻一方的财产。该规定充分尊重订立遗嘱和赠与合同的财产所有权人依法处分自己财产的权利和意愿，也是出于保护个人财产权利的要求。如

《婚姻法司法解释（三）》第7条规定，婚后由一方父母出资为子女购买的不动产，产权登记在出资人子女名下的，视为只对自己子女一方的赠与，该不动产应认定为夫妻一方的个人财产。

（4）一方专用的生活用品。这是指夫妻在婚姻关系存续期间，以夫妻共同财产购置的用于个人生活需要的专属生活用品，如个人专用的衣物、装饰品、化妆品，个人专业所需的书籍、资料等。

（5）其他应当归一方的财产。如军人的伤亡保险金、伤残补助金、医药生活补助费属于个人财产。

四、我国的约定夫妻财产制

（一）夫妻约定财产制的概念

夫妻约定财产制是指夫妻以契约的方式商定夫妻在婚前和婚姻关系存续期间所得财产的归属、管理、使用、收益、处分和债务清偿，婚姻终止时财产的分割与清算等事项，从而全部或部分排除法定夫妻财产制适用的制度。

1930年的中华民国《民法·亲属编》在我国历史上首次正式对夫妻财产进行了立法。新中国成立后，1950年《婚姻法》未对夫妻财产约定作明文规定，但却允许实行夫妻约定财产制。1980年《婚姻法》肯定了夫妻财产约定的法律效力，在第13条第1款中规定"夫妻在婚姻关系存续期间所得的财产，归夫妻共同所有，双方另有约定的除外"。2001年修改后的《婚姻法》第19条对夫妻财产约定进行了大量补充。2011年7月，最高人民法院《婚姻法司法解释（三）》对夫妻约定财产进行了进一步补充。

（二）我国现行的夫妻约定财产制

1. 约定的成立条件。现行《婚姻法》对夫妻财产约定的成立条件并未作明确规定，但夫妻财产的约定是一种特殊的民事法律行为，不仅要符合民事法律行为的一般要件，还要符合《婚姻法》的有关规定。按照《民法通则》和《婚姻法》的规定，夫妻订立财产约定应具备以下条件：

（1）约定双方必须具有合法的夫妻关系。未婚同居、婚外同居者对财产的约定，不属于夫妻财产约定。

（2）夫妻双方须有完全民事行为能力。夫妻财产制约定属重大民事行为，是一种具有强烈身份性质的财产合同，其缔约当事人为夫妻双方或即将结婚的男女双方，因此当事人须具有完全民事行为能力，且不得由他人代理。

（3）约定双方必须自愿、意思表示真实。夫妻财产约定须双方完全自愿，必须经过双方当事人协商一致。

（4）不违反法律或社会公共利益。约定不得超出夫妻个人财产和共同财产的范围，不得损害国家、集体或他人利益，不得规避法律或损害集体和他人的利益，不得规避养老育幼、清偿第三人债务等法律义务。

（5）约定必须采用书面形式。夫妻财产约定是一种要式法律行为，必须采取一定形式或履行一定程序才能成立的法律行为。《婚姻法》第19条明确规定："约定应当采用书面形式。"

2．约定的内容。现行《婚姻法》第19条对夫妻财产约定的范围作了规定。根据该规定，我国夫妻财产约定的范围比较宽泛，具体内容包括以下三种：

（1）约定实行分别财产制。双方对上述财产享有完全的占有、使用、收益和处分权，他方不得加以干涉。但是一般说来，这种约定制度应当同时就婚姻共同生活所需费用的分担加以约定。

（2）约定实行一般共同制。即除个人特有财产外，不论是婚前还是婚后财产，只要是合法所得，一律归双方共同共有。

（3）约定实行混合财产制。即婚姻关系存续期间所得的财产以及婚前财产部分各自所有，部分共同所有。

3. 约定的时间和效力。

（1）时间。依法律规定，双方作出财产约定的时间可以在结婚之前，也可以在婚姻关系存续期间。但是，婚前作出约定的，在婚姻关系正式成立之后才发生夫妻财产约定的效力；婚姻关系存续期间所作的约定，若采用的是分别财产制或混合财产制则应明确是否溯及既往。

（2）效力。夫妻财产约定的效力分为对夫妻双方的效力和对夫妻关系以外的第三人的效力两部分。就对夫妻双方而言，《婚姻法》第19条第2款明确规定："夫妻对婚姻关系存续期间所得的财产以及婚前财产的约定，对双方具有约束力"。就对第三人而言，双方约定采用一般共同制的，原则上不会产生对第三人效力方面的争端；而约定实行分别财产制的则有可能出现对第三人效力的问题，第三人知道该约定的，对第三人有效，否则效力不及于第三人。

4. 约定的变更和撤销。《婚姻法》并未就此作出明确规定，但是按照一般的民法原理，夫妻财产约定可以依法变更或者撤销。在变更或撤销时，应遵循夫妻财产约定的一般原则，不得规避法律义务，也应采用书面形式并明确告知有利害关系的第三人。

【案例分析】

男方的生育权该如何保护？

案情：叶某（男）和朱某（女）系夫妻。2012年10月6日，朱某未经叶某同意，擅自去医院将腹中胎儿流产。叶某认为朱某的行为侵犯了其生育权，向法院提起诉讼，要求朱某赔礼道歉并支付精神损害抚慰金2万元。朱某称与叶某长期感情不和，选择流产实属无奈。请问：关于本案，法院应该如何处理？

分析：公民不分性别均有生育权，妇女有按照国家有关规定生育子女的权利，也有不生育的自由。也就是说，男方行使生育权时，也不能侵犯女方的不生育权。对男方叶某的要求法院不予支持。

夫妻间签订忠诚协议是否具有效力？

案情：黄莹与刘华2005年经人介绍相识，于2006年登记结婚。由于刘华系再婚，为慎重起见，婚前双方签订了一份忠诚协议。约定如果一方在婚期内出轨、不忠诚对方引起离婚的，出轨一方须赔偿对方10万元人民币。2013年3月，刘华因为嫖娼被公安局拘留。黄莹为此向法院提起诉讼，请求与刘华离婚，并请求判决刘华支付赔偿款10万元人民币。请问：黄莹的诉讼请求能否得到支持？

分析：现行《婚姻法》第4条明确规定夫妻应当互相忠诚、互相尊重。性生活的忠诚是婚姻存续中至关重要的要素，并构成婚姻生命的基础。本案中被告人刘华的出轨行为，违背了夫妻间的忠实义务，严重损害了夫妻关系。因此，对于黄莹要求与被告刘华离婚的诉讼请求应予以支持。双方签订的忠诚协议，没有违反法律的禁止性规定，并且双方是在没有受到任何胁迫的平等地位下自愿签订的，该协议的内容也未损害他人的利益，因此合法有效。被告违反了该协议，就应该按照该协议的规定支付原告赔偿款10万元人民币。

【相关法条及解释】

1. **《婚姻法》第4条**　夫妻应当互相忠实，互相尊重；家庭成员间应当敬老爱幼，互相帮助，维护平等、和睦、文明的婚姻家庭关系。

2. **《婚姻法司法解释（三）》第9条** 夫以妻擅自中止妊娠侵犯其生育权为由请求损害赔偿的，人民法院不予支持；夫妻双方因是否生育发生纠纷，致使感情确已破裂，一方请求离婚的，人民法院经调解无效，应依照《婚姻法》第32条第3款第5项的规定处理。

3. **《人口与计划生育法》第17条** 公民有生育的权利，也有依法实行计划生育的义务，夫妻双方在实行计划生育中负有共同的责任。

4. **《妇女权益保障法》第51条** 妇女有按照国家有关规定生育子女的权利，也有不生育的自由。

【思考题】

1. 夫妻人身关系包含哪些内容？
2. 夫妻财产制有哪些类型？
3. 简述我国现行的夫妻财产制度。

第五章

亲子关系

【内容提要】亲子关系是人们最亲密的社会关系之一，涉及父母子女关系、父母与婚生子女关系、父母与非婚生子女关系、继父母与继子女关系、养父母与养子女关系、父母与人工生育子女关系以及亲权的特征、行使及限制等内容。

第一节　父母子女关系概述

一、父母子女关系的概念和种类

（一）父母子女关系的概念

父母子女关系又称亲子关系，亲子关系中的"亲"指父母亲，"子"指子女。亲子关系在法律上指父母与子女间权利义务关系的总和。父母子女是血缘关系最近的直系血亲，也是家庭关系的重要组成部分。

（二）父母子女关系的种类

现行《婚姻法》根据父母子女关系产生原因的不同将父母子女关系分为自然血亲的父母子女关系和拟制血亲的父母子女关系。

1. 自然血亲的父母子女关系。自然血亲的父母子女关系基于子女出生的法律事实而产生，包括婚生的父母子女关系和非婚生的父母子女关系。婚生的父母子女关系是指存在合法婚姻关系的男女与所生育子女之间的关系。非婚生的父母子女关系是指没有合法婚姻关系的男女与其所生育子女之间的关系。根据《婚姻法》的规定，婚生的父母子女关系与非婚生的父母子女关系在法律上有着同等的权利义务。由于自然血亲的父母子女关系是因血缘联系而存在的，所以自然血亲的父母子女关系只能因死亡而终止。《婚姻法》第36条规定："父母与子女间的关系，不因父母离婚而消除。"但法律上的权利和义务，在通常情况下，也只能因父母将子女送养而消除。

2. 拟制血亲的父母子女关系。拟制血亲的父母子女关系是指原本不存在父母子女关系，而是基于收养或再婚的法律行为而人为发生的父母子女关系，包括养父母子女关系和形成扶养关系的继父母子女关系。依法拟制的父母子女关系，是人为设定而由法律确认的，在法律上与自然血亲的父母子女关系具有同等的权利和义务。拟制血亲的父母子女关系，既可依法设立，也可因死亡、收养的解除或继父母与生父母离婚以及扶养关系的变化而终止。

二、父母子女关系的立法演变

父母子女关系经历了不同的社会发展时期。纵观其历史，可以看出其经历了古代的"家本位的亲子法"、近代的"亲本位的亲子法"、现代的"子女本位的亲子法"的发展进程。[1] 在"家本位的亲子法"中，家长具有主体资格，包括子女在内的其他家属均不具备主体资格，家长的支配权及于人身和财产的各个方面。随着社会的发展，亲权中的义务逐渐凸现，"亲本位的

---

〔1〕 参见王丽萍：《婚姻家庭法律制度研究》，山东人民出版社2004年版。

亲子法"既强调父母对子女的权利以及子女应服从父母，也强调父母对子女的义务。近现代的父母子女关系注重对子女的保护和教养，父母的权利是为保护及教养子女的义务履行而设立的，有转为"子女本位的亲子法"的趋势。《联合国儿童权利公约》第3条规定了"儿童最大利益原则"，这一原则被各国立法所接受，在制定亲子法时将重点放在子女权利保护方面。这种重视子女利益的立法，真正实现了"子女本位的亲子法"。[1]

我国古代的父母子女关系完全从属于宗法家庭制度。此时的亲权制度以家族为本位。所谓"君为臣纲、父为子纲"，子女被视为家长的私有财产，无独立人格。[2] 在人身权方面，家长有绝对的对子女教令、惩戒和主婚等权利。如《吕氏春秋·荡兵》中"怒笞不可偃于家"，即家父保有鞭笞教令的权利。在财产权方面，父母也有种种为礼、法肯定的特权。"父母在、不有私财"，"父母在，不得别籍异财"等表明，家族财产属于家长所有，子女在财产关系上也是依附于父母。1930年国民政府制定的《民法·亲属编》有关亲子关系的立法以保护子女权益为原则，父母子女关系趋于平等，形成了一个内容上倾于传统，形式上西化的亲权制度。新中国成立后，1950年颁布的《婚姻法》废除了漠视子女利益的封建主义婚姻制度，实行保护子女合法权益的新民主主义的婚姻制度，并设专章规定"父母子女之间的关系"。1980年《婚姻法》原规定中近1/3篇幅计11个条文规定父母子女关系。《婚姻法》确立了新型的以保护未成年子女合法权益为原则，父母子女之间具有平等、相互扶养的权利义务关系。[3]

---

〔1〕　参见王丽萍：《亲子法研究》，法律出版社2004年版。
〔2〕　参见瞿同祖：《中国法律与中国社会》，中国政法大学出版社1998年版。
〔3〕　孔庆明等编著：《中国民法史》，吉林人民出版社1996年版。

第二节 父母子女间的权利和义务

一、父母对子女有抚养教育的义务

现行《婚姻法》第21条规定："父母对子女有抚养教育的义务。"

1. 抚养。抚养指父母在经济上对子女的供养、在生活上对子女的照料，包括负担子女的生活费、教育费、医疗费等。抚养教育既是父母应尽的义务，又是子女享有的权利。《婚姻法司法解释（三）》第3条规定："婚姻关系存续期间，父母双方或者一方拒不履行抚养子女义务，未成年或者不能独立生活的子女请求支付抚养费的，人民法院应予支持。"除法律另有规定外，任何情况下，父母都必须履行抚养义务。离婚后的父母，无论子女由哪方抚养，另外一方不因此免除其对子女的抚养义务。

2. 教育。教育是指父母在思想品德上对子女的关怀和培养，并按照法律和道德规范的要求对未成年子女进行管理和必要的约束。教育子女是父母的一项重要的职责，包括两方面的内容：①父母应当尊重未成年子女受教育的权利，必须使适龄的未成年子女按照规定接受义务教育，不得使在校接受义务教育的未成年人辍学；②父母应当以健康的思想、品行和适当的方法教育未成年子女，引导未成年子女进行有益身心健康的活动。

二、父母对未成年子女有管教、保护的权利和义务

现行《婚姻法》第23条规定："父母有保护和教育未成年子女的权利和义务。在未成年子女对国家、集体或他人造成损害时，父母有承担民事责任的义务。"

1. 管教。未成年子女常因年龄小不辨是非、自控能力低、缺乏理智等，对客观事物不能正确认识和理解，在法律上属于无行为能力人和限制行为能力人。法律将管教未成年子女的责任赋予父母是为了防止未成年子女进行危害他人的行为，有利于未成年子女的健康成长。

2. 保护。保护即指对未成年子女合法人身权利和财产进行监督和维护。未成年子女的人身权利受宪法和法律的确认与保护，父母对非法侵犯未成年人子女人身权利的行为，有采取必要措施予以制止的义务，并可在必要时进行正当防卫。对未成年子女已造成损害的，其父母有权代理受害子女起诉，要求人民法院追究侵害人的民事和刑事责任。

父母对未成年子女未尽到监护责任，其子女对国家、集体或他人的合法权益造成损害的，父母则应承担赔偿经济损失等民事责任；已尽到监护责任的，可以适当减轻。子女已成年，对国家、集体或他人的合法权益造成损害的，父母通常不再为子女承担赔偿责任。但是，根据最高人民法院有关司法解释，子女致人损害时已成年但无经济收入的，应由父母垫付；垫付有困难的，也可以判决或调解延期给付。

三、子女对父母有赡养扶助的义务

《婚姻法》第21条同时也规定："子女对父母有赡养扶助的义务"，"子女不履行赡养义务时，无劳动能力的或生活有困难的父母，有要求子女付给赡养费的权利"；《老年人权益保障法》第14条第1款规定："赡养人应当履行对老年人经济上供养、生活上照料和精神上慰藉的义务，照顾老年人的特殊需要。"

赡养是指子女对父母的供养，即在物质上和经济上为父母提供必要的生活条件。扶助是指子女对父母在精神上和生活上的关心、帮助和照料。子女对父母的赡养扶助不仅是法律规定的义务，也是社会道德的必然要求。子女赡养扶助父母是无期限的，同时也不得附加任何条件。赡养人不得以放弃继承权或其他理由，拒绝履行赡养义务。对于被赡养人有生活来源，但因丧失劳动能力、生活不能自理而需要劳务扶助，起诉至人民法院的，人民法院应当受理，从而促使义务人全面履行义务。义务人有能力赡养而拒绝赡养，情节恶劣，构成遗弃的，应依法追究刑事责任。

四、子女应当尊重父母的婚姻权利

婚姻自由是我国婚姻家庭法的基本原则，公民有权依法自主决定自己的婚姻问题，不受任何人的非法干涉或强迫。《婚姻法》第30条规定："子女应当尊重父母的婚姻权利，不得干涉父母再婚以及婚后的生活，子女对父母的赡养义务，不因父母的婚姻关系变化而终止。"这一规定为老年人的再婚自由和再婚后的生活提供了有力的法律保障。干涉父母婚姻自由情节恶劣、后果严重的，应按照有关规定追究法律责任。

五、父母子女有相互继承遗产的权利

现行《婚姻法》第24条第2款规定："父母和子女有相互继承遗产的权利。"根据《继承法》的相关规定，父母、子女相互都是法定继承中的第一顺序继承人。此处的子女包括婚生子女、非婚生子女、养子女和有抚养关系的继子女；父母包括生父母、养父母和有抚养关系的继父母。婚生子女、非婚生子女、养子女和有抚养关系的继子女都有平等的继承权。

第三节　婚生子女

一、婚生子女的概念

婚生子女，是指在婚姻关系存续期间受胎并于日后出生的子女。早期法律区分婚生子女和非婚生子女的目的，一是为了传宗接代，避免血缘上的混乱；二是为了家庭财产继承时确认继承人的需要。近现代以来，立法的意义更多的是保障婚姻当事人及其子女的权益。

从大多数国家的立法来看，婚生子女应当符合三个条件：①该子女应为具有合法配偶身份的男女所生；②该子女的血缘来自具有合法配偶身份的男女关系；③该子女出生于合法的婚姻关系存续期间或婚姻关系消灭后的法定期限内。

由此可见，其生父母之间是否存在婚姻关系，是婚生子女和非婚生子女的根本区别。

二、婚生子女的推定与否认

1. 婚生子女的推定。婚生子女的推定，是指妻子在婚姻关系存续期间受胎或所生子女推定为其夫的婚生子女的制度。婚生子女的推定制度是对子女婚生性和合法性的法律认定。

母子（女）关系基于母亲分娩的事实而容易确认。父子（女）关系的确定，因父亲在子女孕育、生产过程中的作用较为复杂，有时存在血缘上的父亲与母亲之夫不相符的情况，确认父（女）子关系需要启动特别的法律程序。一夫一妻制使父亲身份的确定变得简单，仅依据婚姻关系就足以确认父子关系。婚生子女推定是最便宜、可行的确定亲子关系的办法，它从子女出生于母亲这一事实出发，直接认定子女与生母之夫具有血缘关系。

许多国家的法律对婚生子女的推定制度作了规定，但推定的原则和方法不尽相同。如英国普通法规定，子女在婚姻关系存续期间出生的，不问其是否婚前受胎，只要出生时父母之间有合法婚姻关系，子女就取得婚生子女身份。《德国民法典》规定，在婚姻关系存续期间，夫在妻受胎内与妻同居者，所生子女为婚生；婚前受胎婚后所生，所生子女亦为婚生，即使婚姻宣告无效也不影响子女的婚生性。《法国民法典》规定，子女系在婚姻关系存续期间受胎者，夫即为父。夫妻双方结婚满180天以上出生的子女为婚生子女，在婚姻关系解除后的300天之内出生的子女亦为婚生。

新中国成立以来的婚姻法从未明文设立婚生子女推定制度。但实际上，法定有关父母子女关系的内容是按照婚生子女推定理论予以安排的。

2. 婚生子女的否认。婚生子女的否认，是指当事人依法享有否认婚生子女为自己所亲生的诉讼请求权的制度。由于确认婚生子女是依据法律推定的，所以婚生推定的结果应当允许当事人依据一定的事实予以否认。各国设立的婚生子女否认制度是对婚生推定制度的一种合理限制。综观其他国家关于婚生子女否认的法律规定，有以下几点内容：

（1）否认权人。即法定享有否认子女为婚生的诉讼请求权人。有的国家仅限于丈夫有否认权，如法国、日本等；有的国家规定丈夫和子女均享有否认权，如德国、瑞士等；有的国家或地区规定除丈夫享有否认权外，妻子、子女和检察官也享有否认权，如我国的台湾地区。

（2）否认的原因。从各国法律规定看，对于婚生子女否认的原因，大多采用概括主义。一般来说，凡能举证推翻子女为婚生事实的，即可提出否认之诉。否认的主要原因是在妻子受孕期间，夫妻未曾同居。在其受胎期间如有一次同居的事实，其否认权丧失。

（3）否认的效力。对于婚生子女关系的否认是身份法上的重大法律行为，必须经过法院的裁决。在法院作出否认的判决之前，任何人不得主张子女是非婚生子女。

（4）否认之诉的时效。各国法律对否认之诉的时效作了规定，但其长短差距很多，短的只有一个月，长的则将近两年。关于时效的计算，各国规定多从知悉需要行使权利时开始。

第四节　非婚生子女

一、非婚生子女概念

非婚生子女是指没有合法婚姻关系的男女所生的子女。非婚生子女包括未婚男女所生的子女；已婚男女与第三人发生性行为所生的子女；经否认确定的非婚生子女；妇女被强奸所生子女以及其他无合法婚姻关系的当事人所生之子女。我国民间也把非婚生子女称为"私生子女"。

从自然属性上讲，非婚生子女与婚生子女并无区别。但是，从生育的社会属性上讲，非婚生子女是婚生子女的对称，是没有合法婚姻关系的父母所生的子女。在漫长的历史发展过程中，非婚生子女的法律地位和社会地位经历了很大变化。古代社会的非婚生子女备受歧视，与婚生子女具有完全不同的地位。直到近代，许多国家的法律仍然不承认非婚生子女享有与婚生子女同样的权利。第二次世界大战以后，非婚生子女的法律地位才有了比较明显的改善。但目前仍有一些国家保留了非婚生子女与婚生子女的区别待遇，如现行《日本民法典》规定，非婚生子女继承时的应继份为婚生子女应继份的1/2。

我国《婚姻法》第 25 条规定："非婚子女享有与婚生子女同样的权利，任何人不得加以危害和歧视。不直接抚养非婚生子女的生父或生母，应当负担子女的生活费和教育费，直至子女能独立生活为止。"

二、非婚生子女的准正

（一）准正的概念和缘由

非婚生子女的准正是指已出生的非婚生子女因特定缘由取得婚生子女的资格。所谓特定缘由，一是生父与生母结婚；二是法官宣告。准正制度始于罗马法，为保护非婚生子女的利益，现代大陆法系国家和英美法系国家多设有准正制度。

1. 非婚生子女因父母结婚而准正。在法律实践中，该情形被形象地比喻为"先上车后买票"，不同国家对准正的程序要求不尽一致。大体可以分为两类：①只要非婚生子女的生父母结婚，就产生准正的法律后果，无须其他形式；②除了生父母结婚之外，还必须履行生父的认领程序，才发生非婚生子女准正的效力。

2. 非婚生子女因法官宣告而准正。这主要发生在两种情况之下：一种是非婚生子女的生父母虽协议结婚但一方死亡；另一种是非婚生子女的生父母虽欲结婚但存在婚姻障碍。在这两种情况下，应非婚生子女本人或婚约一方的请求，法官可以做出准正宣告。

（二）准正的要件

准正的要件包括：①非婚生父母子女之间有其身份赖以确定的血缘关系；②生父母须有结婚的事实或司法宣告；③准正的依据是法律事件而非法律行为。

一旦准正生效，非婚生子女即取得婚生子女的资格，产生一切婚生子女的权利和义务。准正的效力通常是溯及至孩子出生时。但是，个别国家也有不同规定。

第五节　继子女

一、继父母子女的概念及类型

（一）继父母子女的概念

继父母是指母之后夫或父之后妻。继子女是夫与前妻或妻与前夫所生的子女。继父母与继子女关系一般指生父或生母再婚后，子女与后母或后父之间形成的姻亲关系。继父母子女关系形成的原因大体有两种：①生父或生母一方死亡，他方带子再婚；②生父与生母离婚，一方或双方又与他人结婚。已形成抚养教育关系的继父母子女，适用父母子女关系的法律规定，双方享有父母子女间的各种权利，承担相应的义务。

（二）继父母子女关系的类型

1. 未形成抚养关系的继父母与继子女关系。在父亲或者母亲再婚时，继子女已经成年并独立生活；或者虽未成年但仍由其生父或生母提供生活教育费，没有受继父或继母的抚养教育，也没有对继父或继母尽赡养义务。此类继父母和继子女之间在法律上未形成父母子女关系，属于直系姻亲关系。

2. 形成了抚养关系的继父母与继子女关系。在生父或者生母再婚时，未成年或未独立生活的继子女随生父母一方与继父或继母一起生活，继父或继母对其承担了部分或全部抚养费的，形成抚养关系。成年继子女在事实上对继父母长期进行了赡养扶助，亦视为形成了扶养关系。此类继子女与继父母之间形成了法律上的父母子女关系，同时继子女与生父母之间也保持着父母子女关系。因此，该子女有双重的父母子女关系。

二、继父母子女法律地位

继父母与形成抚养教育关系的继子女之间，既有姻亲关系，又有扶养关系，类同于法律拟制的直系血亲关系，其各自的权利和义务，适用法律关于父母子女关系的规定。形成了抚养教育关系的继父母子女间的权利义务，与亲生父母子女间的权利和义务是相同的。

基于血缘的原因，父母子女关系不因父母离婚而消除。因此，继子女和与其有扶养关系的继父母之间，与其生父母之间是双重的权利义务关系。继父母子女之间的关系主要表现为以下四种形式：

1. 生父或生母再婚时子女已成年，子女与后母或后父不形成继父母子女关系。这种姻亲关系因为双方未形成扶（抚）养关系，也就不发生法律上的权利义务；双方既不承担抚养教育和赡养扶助的权利义务，也不享有继承权。

2. 生父或生母再婚时其子女虽未成年，但不与后父或后母共同生活，不受其抚养教育。这种继父母子女关系也不存在法律上的权利义务关系，双方只作为一般亲属关系对待。

3. 生父或生母再婚时子女尚未成年与后母或后父共同生活，并受其抚养教育长大成人而形成的继父母子女关系。这种关系中继父母对继子女抚养教育的事实，已使双方的姻亲关系转化成法律拟制血亲关系，即通常所称的"有抚养关系的继父母子女关系"。这种继父母与继子女虽无血缘关系，但法律确定双方发生与有血缘关系的亲属相同的权利义务关系。

4. 生父或生母再婚时，未成年子女为继父或继母收养，形成收养关系的继父母子女。我国《收养法》第 14 条规定，"继父或继母经继子女生父母的同意，可以收养继子女"，这种收养关系一经成立，继父母子女间的姻亲关系即消灭，而养父母女的拟制血亲关系即形成。被收养的继子女不再与送养生父或生母有法律上的权利义务关系，该生父或生母再也不用负担抚养教育该子女的义务，也不能享受该子女赡养扶助的权利，双方相互之间均丧失继承权。

第六节　人工生育子女

人工生育子女是指利用人工生育技术受胎而出生的子女。人工生育是采用人工方法取出精子或卵子，再经人工技术将精子或卵子或受精卵注入妇女子宫，使其受孕生育的一种新的生育技术。

一、人工体内受精子女

人工体内受精是指实施人工辅助将精液注入女性子宫内以取代性交使妇女受胎分娩。根据精子来源的不同，人工体内授精又分为两种情况：一种是将夫妻双方的精、卵细胞，用人工方法在母体内结合生育子女，此称为同质人工授精。所生的子女为婚生子女，夫妻与所生的子女间具有血缘关系，与自然血亲的父母子女关系相同。另一种是用丈夫以外的第三人提供的精子对妻子进行人工授精生育，此称为异质人工授精，所生子女和生母之夫没有血缘关系。所生的亲子关系要区分情形：经父母双方知情和同意的，异质人工授精所生育的子女，认定为双方的婚生子女，即使孩子是在夫妻离婚或者丈夫去世后出生，都不影响其婚生子女的地位。但是，妻子未经丈夫同意接受异质人工授精受孕的，所出生的子女与受精母亲的丈夫的关系仍然有争议。

从我国目前的司法实践来看，如果在婚姻关系存续期间，丈夫不同意人工授精的，实施人工授精系妻子一人的行为，其丈夫事后不予追认的，所生子女与丈夫之间无父子（女）关系，丈夫对该子女的婚生性享有否认权，该子女为非婚生子女。因此，取得丈夫同意是确立人工生育子女法律地位的关键。

二、人工体外受精子女（试管婴儿）

人工体外受精子女即通常所说的试管婴儿，是指用人工的方法取卵，精子和卵子在实验室试管中结成胚胎后再植入子宫妊娠的生殖技术。因精子和卵子的供体不同又可分为四种：①采用夫妻的精子和卵子在体外受精，再植入妻子的子宫内妊娠。这样生育的子女与父母双方均有自然血亲关系。②在夫妻双方同意的情况下，采用第三人提供的精子和妻子的卵子在体外受精再植入妻子的子宫内妊娠。这样生育的子女属于生母和生母之夫的婚生子女。③在夫妻双方同意的情况下，采用丈夫的精子和第三人的卵子在体外受精，再植入妻子的子宫内妊娠。所出生婴儿的母亲出现了遗传母亲和生身母亲分离的情况，怀孕的妻子和其丈夫才是该婴儿的法定父母。④在夫妻双方完全同意的情况下，采用第三人提供的精子和卵子在体外受精，在试管内形成胚胎后植入妻子的子宫内妊娠生育。应从最有利于婴儿利益的角度，确认生育母亲和其丈夫是婴儿的法定父母。

第七节 亲 权

一、亲权的概念与特征

（一）亲权的概念

亲权是指父母享有保护教育未成年子女和管理未成年子女财产的权义综合体，是基于父母子女之间的亲缘关系而产生的以未成年子女利益为核心的专属于父母的一种身份权，是为未成年子女利益而设立的一项专门法律制度。

（二）亲权的特征

从概念中可以看出，亲权具有以下特征：

1. 亲权是一种身份权。亲权是父母基于其身份而产生的对未成年子女的权利和义务，父母子女间的亲子关系是亲权产生的前提。

2. 以管教和保护未成年子女为目的。

3. 既是权利又是义务。亲权是父母基于其身份关系而产生的对未成年子女的权利义务的综合体，具有权利义务双重性及统一性，不能任意抛弃或滥用。

4. 具有时间性。亲权是父母对未成年子女的权利与义务，只能在子女未成年阶段行使，若子女已成年，就脱离其父母的保护。

5. 亲权的内容主要是父母对未成年子女的人身照顾权和财产照顾权。

6. 亲权具有专属性。即亲权为父母专有并以教育、保护未成年子女为特定目的。

二、亲权的主体

亲权的主体指参与亲权关系，享有权利并承担义务的人，包括亲权人即父母，亲权相对人即未成年子女。亲权人是行使亲权的权利义务主体。作为亲权行使主体的父母，包括生父母、养父母和形成抚养关系的继父母等。亲权人也根据亲子关系的不同而有着不同的变化：

1. 婚生子女，父母均健在且婚姻关系存续期间，父母为共同亲权人，有平等的亲权行使权。非婚生子女未经生父认领时，生母为单独亲权人。非婚生子女经生父认领后，生父也获得亲权人的法律地位，生父母均为亲权人，亲权的行使比照婚生子女亲权人亲权的行使。

2. 养子女的亲权由养父母来行使，亲生父母无权行使。

3. 继子女的亲权人首先为与其共同生活的生父母一方。继父母子女关系大致有两种情况：①继父母子女之间存在抚养教育关系，如父或母再婚时，子女没有成年或未独立生活，未成年或未独立生活的继子女与继父母共同生活，继父或继母对其进行了抚养教育；②继父母子女之间不存在抚养教育关系，如父或母再婚时，子女已经成年并已独立生活，继子女并不依靠继父母抚养教育。

亲权相对人即为受亲权保护的未成年子女。一旦成年，子女即脱离亲权关系，失去亲权相对人的法律资格。亲权相对人既包括婚生子女，也包括非婚生子女、养子女、形成抚养关系的继子女。

三、亲权的内容

亲权的内容是亲权制度的核心，是亲权法律效力的具体表现。亲权作为权利与义务的复合体，主要包括以下内容：

（一）人身方面的亲权

1. 子女的姓名设定权。子女的姓名是身份关系的标志。

2. 抚养权。指父母对未成年子女的健康成长所提供的必要的物质条件，包括哺育、喂养、抚育，提供生活、教育和活动的费用等。

3. 教育权。指依照法律和道德的要求，父母应当以适当的方式教育未成年子女全面、健康的成长，对子女的行为进行引导及必要地约束，对未成年子女的日常行为进行监督管理，防止其因不当行为给国家、集体或他人造成损害。

4. 居住所指定权。父母对未成年子女的住所或居所享有指定权，子女不得随意离开父母指定的住所或居所。

5. 身份行为的代理权和同意权。身份行为具有专属性，要求当事人本人为意思表示，一般不允许代理。但从保护未成年子女利益的角度出发，其父母依法享有同意权和代理权。未成年子女是无民事行为能力人或限制民事行为能力人，不能独立地为民事法律行为，父母是未成年子女的法定代理人。

6. 子女交还请求权。即当未成年子女被他人诱骗、拐卖、劫持或隐藏时，父母依法享有请求交还子女的权利。这是亲权人行使保护权的重要内容。

7. 惩戒权。未成年子女有不当行为时，父母在合理程度内可以按照法定方式惩戒未成年子女。

（二）财产方面的亲权

1. 财产行为的代理权和同意权。父母是未成年子女为财产行为的法定代理人。

2. 管理权。父母对未成年子女的财产享有管理的权利。管理权的范围可及于未成年子女已享有所有权的一般财产。

3. 用益权。父母有合理地支配、利用未成年子女的财产和获取孳息的权利。亲权人行使用益权时，应当从有利于保护未成年子女的财产收益的角度出发，使用时应高度注意，尽量避免造成财产的损失。

4. 处分权。父母对未成年子女财产的处分权受到法律的严格限制。一般情况下，父母对子女的财产不享有处分权，只有出于子女的利益和需要，经法院或监护机关批准，亲权人才能对未成年子女的财产进行处分。

四、亲权的行使与限制

亲权的行使以保护未成年子女合法利益和父母共同行使为原则。在婚姻关系存续期间，亲权应由父母共同来行使，以意思表示一致决定亲权行使的内容，单独行使符合配偶中相互代理的，应为有效。如父母意思表示不一致时，应考虑男女平等与保护未成年子女的立法原则，又虑及中国的固有文化传统及地域辽阔、人口众多等其他国情，由父母协商决定谁来行使亲权。父母在行使亲权时，不得故意杀害未成年子女或遗弃、虐待未成年子女；不得故意侵占未成年子女财产或者故意使子女负担不当债务；不得滥用惩戒权，对子女进行体罚；不得放任对子女的教育和管理，导致未成年子女利益严重受损。

五、亲权的停止和消灭

（一）亲权的停止

亲权的停止是指作为亲权人的父母过失或故意作出有损未成年人利益的行为达到法律所规定的滥用亲权的程度，已使未成年子女的人身或财产受到了严重损害，而依法停止其亲权人的权利的制度。

1. 亲权因剥夺而停止。亲权被剥夺的原因主要是父母一方或双方对未成年子女有重大犯罪行为，严重伤害了未成年子女利益或者滥用亲权对未成年子女的身心健康或财产利益造成损害。

2. 亲权因中止而停止。亲权人有以下情形之一的，中止其亲权：

（1）被宣告为无民事行为能力或限制民事行为能力人。

（2）离婚后不与未成年子女共同生活的父母一方，除部分亲权仍在行使外，其他部分已处于中止状态。

（3）因长期外出、重病等原因存在亲权不能的。

3. 亲权因转移而停止。亲权转移是指亲权因协议或法院的宣告，由亲权人转移给他人或社会救济机构行使。亲权转移后，原亲权人停止亲权，由受转移人取得亲权或监护权。

（二）亲权的消灭

亲权的消灭，是指基于法定的事由致使亲权无须履行或无法履行，从而使亲权归于消灭，包括绝对消灭和相对消灭两种。绝对消灭是指因子女死亡或子女成年归于自然消灭。相对消灭是指父母一方死亡，死亡一方的亲权虽已消灭，但另一方的亲权仍在或父母双亡时，尚可为未成年子女另行设置监护，以监护为亲权之延伸。

【案例分析】
成年子女不能独立生活，父母仍然有抚养义务吗？

案情：刘虹与李冰离异时，法院判决儿子李一水随母亲生活。李一水大学毕业后，在一次交通事故中脑部受伤，精神状况时好时坏，缺乏独立生活能力。刘虹为了给儿子治病，花完了全部积蓄。为了孩子的前途，避免耽误孩子的正常生活和治疗，她便找到李冰要求他支付儿子的抚养费，但李冰以李一水已经成年，自己已经没有抚养义务为由拒绝支付。请问：李冰有抚养儿子李一水的义务吗？

分析：《婚姻法》第21条规定："父母对子女有抚养教育的义务；子女对父母有赡养扶助的义务。父母不履行抚养义务时，未成年的或不能独立生活的子女，有要求父母付给抚养费的权利。"从本案的情况来看，李一水因交通事故导致脑部受伤，无法正常工作生活，没有经济来源，应属于上述规定中不能独立生活的成年子女。因此，李冰有义务支付抚养费。

抚养过甲的刘强能够要求赡养费吗？

案情：1996年，王芳在丈夫去世后，带着8岁的儿子甲与刘强一起生活，2000年与刘强生育一女乙。2006年，因与刘强产生矛盾，王芳带着儿子甲独自生活，女儿乙随刘强生活。

2013 年，刘强因病残疾，生活陷入困难。此时甲已经工作，每月收入 3000 元。刘强要求甲每月支付其生活费 500 元被拒绝，因此诉至法院。请问：刘强的请求能否得到支持？

分析：由于王芳并未与刘强登记结婚，他们之间属于非婚同居关系，甲与刘强之间不属于有抚养关系的继父与继子的关系，因而没有形成拟制血亲。刘强的请求不予支持。

【相关法条及解释】

1. 《婚姻法》第 21 条　父母对子女有抚养教育的义务；子女对父母有赡养扶助的义务。父母不履行抚养义务时，未成年的或不能独立生活的子女，有要求父母付给抚养费的权利。子女不履行赡养义务时，无劳动能力的或生活困难的父母，有要求子女付给赡养费的权利。禁止溺婴、弃婴和其他残害婴儿的行为。

2. 《婚姻法司法解释（一）》第 20 条　婚姻法第 21 条规定的"不能独立生活的子女"，是指尚在校接受高中及其以下学历教育，或者丧失或未完全丧失劳动能力等非因主观原因而无法维持正常生活的成年子女。

3. 《婚姻法》第 27 条　继父或继母和受其抚养教育的继子女间的权利和义务，适用本法对父母子女关系的有关规定。

【思考题】

1. 祖孙在什么条件下产生权利义务关系？
2. 简述弟、妹对兄、姐尽扶养义务的条件。
3. 我国婚姻法规定的父母子女有哪些权利和义务？

第六章

其他家庭成员之间的关系

【内容提要】依据我国现行《婚姻法》的规定，婚姻法调整的家庭成员关系不仅包括夫妻关系、父母子女关系，而且也包括祖父母、外祖父母与孙子女、外孙子女以及兄弟姐妹之间的关系。因此，其他家庭成员间的关系就是指祖父母、外祖父母与孙子女、外孙子女以及兄弟姐妹之间的关系。《婚姻法》明确规定了特定条件下的这些家庭成员间的权利与义务。这对维护家庭的稳定，保护老人和儿童的合法权益，发扬尊老爱幼的传统美德，促进和睦、文明的婚姻家庭关系的形成，有着深远的现实意义。

第一节 兄弟姐妹之间的关系

一、兄弟姐妹的概念和范围

兄弟姐妹是血缘最密切的同辈旁系血亲关系，是家庭关系中最重要的组成部分之一。兄弟姐妹，包括同父母的亲生兄弟姐妹、同父异母或者同母异父的兄弟姐妹、养兄弟姊妹、有事实扶养关系的继兄弟姐妹。

在一般情况下，兄弟姐妹应由他们的父母抚养，因而他们相互之间不发生权利义务关系。但是在特定条件和特定情况下，兄、姐与弟、妹之间会产生有条件的扶养义务。当然，法律对兄弟姐妹间扶养义务的规定，主要是从同胞兄弟姐妹之间的关系来确定的，因为他们是血缘关系最密切的同辈旁系血亲。对于同父异母或者同母异父的兄弟姐妹，以及没有血缘关系的养兄弟姐妹和有扶养关系的继兄弟姐妹，如果符合法律规定的条件和情形，其相互之间也将产生扶养与被扶养的权利义务关系。

二、兄弟姐妹之间的权利和义务

我国 1950 年《婚姻法》没有对兄弟姐妹间的扶养关系作出规定，但在实际生活中，兄、姐扶养教育弟、妹却是常见的现象。1980 年的《婚姻法》结合我国家庭成员间关系较为密切的实际，从爱小育幼的角度出发，将兄、姐在特定条件和特定情况下扶养弟、妹的内容纳入了法律的调整范围。1980 年《婚姻法》第 23 条规定："有负担能力的兄、姊，对于父母已经死亡或父母无力抚养的未成年的弟、妹，有抚养的义务。"使有负担能力的兄、姐，对于父母已经死亡或父母无力抚养的未成年的弟、妹的扶养成为一项法定义务。此后，1984 年最高人民法院《关于贯彻执行民事政策法律若干问题的意见》第 26 条作出解释："由兄、姐抚养长大的有负担能力的弟、妹，对丧失劳动能力、孤独无依的兄、姐，有抚养的义务。"根据这一司法解释，由兄、姐扶养长大的有负担能力的弟、妹，与丧失劳动能力、孤独无依的兄、姐间也产生了有条件的扶养义务。

在 2001 年修改的《婚姻法》中，将弟、妹在特定条件和特定情况下负有扶养兄、姐的义务上升为法律内容，取得了各方面广泛的共识。在现实生活中，许多兄、姐在扶养弟、妹时，节衣缩食、倾囊而助、全力以赴，有的甚至牺牲了个人的婚姻。按照权利义务对等原则，弟、妹理应回报尽了扶养义务的兄、

姐。扶养不仅是物质方面的，也包括精神上的安慰和生活上的
照顾。因此，修改后的《婚姻法》把在实际生活中和司法实践
中认为可行的做法以法律形式加以规范，规定"由兄、姐扶养
长大的有负担能力的弟、妹，对于缺乏劳动能力又缺乏生活来
源的兄、姐，有扶养的义务"。

（一）兄弟姐妹间的扶养义务

兄弟姐妹间原本不存在法定的扶养义务，为维护家庭生活
的和谐团结，保护相关家庭关系人的利益，弘扬中华民族的传
统美德，根据我国《婚姻法》第 29 条的规定，"有负担能力的
兄、姐，对于父母已经死亡或父母无力抚养的未成年的弟、妹，
有扶养的义务。由兄、姐扶养长大的有负担能力的弟、妹，对
于缺乏劳动能力又缺乏生活来源的兄、姐，有扶养的义务"。根
据这一规定，兄、姐与弟、妹之间在一定条件下也具有扶养义
务。这一规定是在 1980 年《婚姻法》相关规定的基础上，吸收
了 1984 年最高人民法院《关于贯彻执行民事政策法律若干问题
的意见》第 26 条的规定而确定的兄弟姐妹相互间的权利与
义务。

1. 兄、姐扶养弟、妹的条件。

（1）兄、姐有负担能力。为保证未成年的弟、妹健康成长，
兄、姐必须具有负担能力，即应具有相应的经济、监护能力，
才能承担起扶养未成年的弟、妹的义务。

（2）父母已经死亡或父母无力抚养。父母对未成年子女的
抚养义务是法定的，但是在父母死亡（包括自然死亡或宣告死
亡）或因身体原因和经济条件无力抚养的情况下，有负担能力
的兄、姐应尽扶养义务。

（3）被扶养的弟、妹必须是未成年人。被扶养人必须尚未
成年，不能独立生活，必须依靠成年的具有负担能力的兄、姐
承担扶养义务。如果弟、妹已经成年，能够独立生活，则兄、

姐不承担扶养义务。如果弟、妹虽未满 18 周岁，但已满 16 周岁，能以自己的劳动能力维持自己基本生活水平的，其已视为完全民事行为能力人，无须兄、姐扶养。

上述三个条件必须同时具备，才产生兄、姐对弟、妹的扶养义务。

2. 弟、妹扶养兄、姐的条件。

（1）弟、妹有负担能力。弟、妹必须具有负担扶养兄、姐的能力，即有相应的经济物质条件才承担扶养义务。如果弟、妹连自身的生活都不能保障，就无法对兄、姐承担扶养义务。因此，只有弟、妹有负担能力，才能承担扶养义务。

（2）弟、妹由兄、姐扶养长大。在父母死亡或无力抚养的情况下，兄、姐扶养未成年的弟、妹长大成人，从权利义务相一致的原则出发，由兄、姐扶养长大的弟、妹应对需要扶养的兄、姐尽扶养义务。

（3）兄、姐缺乏劳动能力且缺乏生活来源。兄、姐因自身身体原因无法劳动并且又没有生活来源，需要弟、妹的关心、照顾，弟、妹应对他们承担抚养义务。

上述三个条件必须同时具备，才产生弟、妹对兄、姐的扶养义务。

（二）兄弟姐妹间的继承权利

亲兄弟姐妹、养兄弟姐妹和有扶养关系的继兄弟姐妹之间有相互的财产继承权。

亲兄弟姐妹是指父母所生的兄弟姐妹，包括同一父母所生的兄弟姐妹、同父异母和同母异父的兄弟姐妹。这些兄弟姐妹之间相互都有平等的继承权。养兄弟姐妹属于法律拟制的旁系血亲，他们之间的法律地位与亲兄弟姐妹完全相同，均享有相互继承遗产的权利。如果收养关系解除，养兄弟姐妹之间的权利义务关系也随之消灭。解除收养关系的被收养人如果与生父母恢复父母子女关系的，即与亲兄弟妹的关系也恢复，其相互间有继承遗产的权利。继父母与继子女间形成扶养关系的，继兄弟姐妹之间互有继承遗产的权利。最高人民法院《关于贯彻执行中华人民共和国〈继承法〉若干问题的意见》中指出，继兄弟姐妹之间的继承权因继兄弟姐妹的扶养关系而发生，没有扶养关系的，不能互为第二顺序继承人；继兄弟姐妹之间继承了遗产的，不影响其继承亲兄弟姐妹的遗产。

根据我国《继承法》第 10 条的规定，兄弟姐妹互为第二顺序法定继承人，没有第一顺序继承人或第一继承人均放弃或丧失继承权时，被继承人的兄弟姐妹可以继承遗产。但是，若兄弟姐妹之间尽了主要扶养义务的，即使存在第一顺序继承人继承财产，也可以根据我国《继承法》第 14 条的规定，兄、姐或弟、妹分得适当的遗产。

第二节　祖孙之间的关系

一、祖孙的概念和范围

祖孙关系是指祖父母与孙子女、外祖父母与外孙子女之间的关系，是家庭关系中除父母子女以外的最近的直系血亲关系。祖孙关系不仅包括血缘关系的祖孙关系，而且也包括养祖孙关系和事实上具有抚养关系的继祖孙关系。

德国、日本、瑞士等国家的法律对祖孙之间的抚养和赡养义务都作了规定，而且既没有区分父系亲还是母系亲，也没有区分孙辈为男性或者女性。随着经济的发展，人的寿命在普遍延长，人口的老龄化已成为一个不容忽视的社会性问题。尽管我国的社会保障体系正在建立和完善，但是仅靠社会的力量还远远不能承担对老年人的扶养。同样，对于父母已经死亡或者无力抚养的孙子女、外孙子女，社会福利院等机构也没有能力完全承担起抚养的义务。因此，隔代扶养可以说是我国在相当长的时间内将面临的一个问题，需要法律对此作出明确的规定。在这一背景下，2001 年《婚姻法》修正时对祖孙之间的抚养、赡养关系进行了完善。

二、祖孙之间的权利和义务

（一）（外）祖父母与（外）孙子女间的抚养、赡养义务

我国《婚姻法》第 28 条规定：“有负担能力的祖父母、外祖父母，对于父母已经死亡或父母无力抚养的未成年的孙子女、外孙子女，有抚养的义务。有负担能力的孙子女、外孙子女，对于子女已经死亡或子女无力赡养的祖父母、外祖父母，有赡养的义务。”为发扬中华民族尊老爱幼的传统美德，体现《婚姻法》保护儿童和老人合法权益的原则，《婚姻法》规定了祖孙间的抚养、赡养义务，但应具备一定的条件。

1. （外）祖父母抚养（外）孙子女的条件。

（1）（外）祖父母有负担能力。这是一个先决条件，如果抚养人没有抚养能力，自己都无法解决温饱问题，则谈不上去抚养他人，“有负担能力”应理解为（外）祖父母具有经济条件和监护能力。

（2）（外）孙子女的父母已经双亡或一方死亡、另一方确无力抚养，或者父母均丧失抚养能力。（外）孙子女的父母已经双亡或父母一方死亡，生存一方也无力抚养子女，或者父母虽生存，但因经济或身体条件，无法对子女尽相应抚养义务，根据《民法通则》的规定，有负担能力的（外）祖父母可以担任（外）孙子女的监护人，承担抚养义务。

（3）（外）孙子女尚未成年。只有是未成年人，才产生抚养的问题，如果是成年人，则根本不存在抚养的事情。如果

（外）孙子女虽未满 18 周岁，但已满 16 周岁，能以自己的劳动能力维持自己基本生活水平的，其已视为完全民事行为能力人，（外）祖父母则不必对其尽抚养义务。

2. （外）孙子女赡养（外）祖父母的条件。

（1）（外）孙子女有负担能力。（外）孙子女已独立生活，有负担能力，能够赡养需要赡养的（外）祖父母，则其应尽赡养义务。

（2）（外）祖父母的子女已经死亡或虽未死亡但无力赡养。（外）祖父母的子女死亡或因经济、身体条件而无力赡养的，（外）孙子女才有赡养（外）祖父母的义务。

（3）（外）祖父母必须是需要赡养的人。如果（外）祖父母本身有独立生活的能力，经济、身体条件都较好，则（外）孙子女可以不承担赡养义务。（外）祖父母与（外）孙子女间的抚养、赡养义务必须具备相应的条件，才产生相关的抚养、赡养义务。适用上述条件时，不以同居一家、共同生活为限。

（二）祖孙间的继承权

根据我国《继承法》第 10 条的规定，（外）祖父母是（外）孙子女遗产的第二顺序法定继承人。在没有第一顺序继承人或第一继承人均放弃或丧失继承权的情况下，（外）祖父母可以继承（外）孙子女的遗产。即使有第一顺序法定继承人继承遗产，但（外）祖父母对（外）孙子女尽了较多的抚养义务或（外）祖父母已丧失劳动能力又没有生活来源，依靠（外）孙子女赡养的，根据《继承法》的有关规定，（外）祖父母也可以适当分得（外）孙子女的遗产。根据《继承法》第 11 条的规定，（外）孙子女对（外）祖父母的遗产有代位继承权。

三、祖孙之间履行义务的方式与途径

关于抚养或赡养的方式，我国《婚姻法》对此没有作出专门规定，只规定了对不履行抚养或赡养义务的人，权利人有要求其履行义务的权利。

实践中抚养或赡养的方式主要有以下两种，当事人可以根据自身的情况来选择：①共同生活抚养或赡养，即被抚养或赡养人与抚养或赡养义务人共同居住在一起，进行直接的抚养或赡养；②通过给付抚养或赡养费、探视、扶助等方式完成扶养义务。

抚养或赡养义务人在履行抚养或赡养义务时，往往需要和被抚养或赡养人就抚养或赡养的程序、具体方式等内容进行协商，达成对当事人均具有约束力的抚养或赡养协议。如果当事人之间达不成协议，那么可以请求人民法院通过判决来确定权利和义务。

抚养或赡养协议达成后或者人民法院的判决生效后，当事人的经济和生活状况往往会发生一些新的变化，如果仍然要求当事人按照原有的抚养或赡养协议或者判决来执行，可能会使一方当事人利益受到损害，因此，当事人需要通过一定的途径来变更抚养或赡养权。

所谓变更抚养或赡养权是指抚养或赡养义务人、抚养或赡养权利人以及抚养或赡养程序和方法的变更。在抚养或赡养当事人一方或双方在经济和生活状况发生变化时，抚养或赡养权利人和抚养或赡养义务人都有权要求变更原抚养或赡养协议或者有关抚养或赡养的判决。当事人首先可以在自愿、平等的基础上进行协商，协商不成时，可以向人民法院起诉来重新确定双方的权利和义务。

【案例分析】
（外）孙子女在父母去世后，有赡养（外）祖父母的义务吗?
案例： 小菊是张老太的孙女，自幼由张老太一手带大。张老太的晚年生活费都由其儿子王某即小菊之父负担。2009 年，儿子因病去世，张老太的生活发生困难，便要求小菊给付赡养费。可小菊却称：自己是孙女，没有赡养祖母的义务。后张老太起诉至法院，请求法院判令小菊给付赡养费。

　　分析：在正常情况下，父母理应由其子女赡养。但为了使老有所养、幼有所育，祖孙之间在具备以下法律条件的情况下，可以形成抚养或赡养关系：①（外）孙子女有负担能力。（外）孙子女已独立生活，有负担能力，能够赡养需要赡养的（外）祖父母，则其应尽赡养义务。②（外）祖父母的子女已经死亡或虽未死亡但无力赡养。③（外）祖父母必须是需要赡养的人。

　　【相关法条及解释】

　　《婚姻法》第 28 条　有负担能力的祖父母、外祖父母，对于父母已经死亡或父母无力抚养的未成年的孙子女、外孙子女，有抚养的义务。有负担能力的孙子女、外孙子女，对于子女已经死亡或子女无力赡养的祖父母、外祖父母，有赡养的义务。

　　【思考题】

　　1. 兄弟姐妹间有哪些权利义务？

　　2. 怎样理解祖父母、外祖父母与孙子女、外孙子女间的义务？

第七章

婚姻的终止

【内容提要】 婚姻终止是合法有效的婚姻因一定法律事实归于消灭的法律制度。婚姻终止不仅在婚姻关系当事人之间引起人身关系、财产关系的变化，也会引起婚姻关系当事人与第三人之间的权利义务的变更和消灭。婚姻的终止需符合法定条件才能够产生解除婚姻关系的法律效果。婚姻关系的解除涉及夫妻财产的分割、子女的抚养及债务的清偿，因一方的过错导致离婚的，无过错方有权请求损害赔偿。

第一节 婚姻终止概述

一、婚姻终止的概念和原因

（一）婚姻终止的概念

婚姻终止是指合法有效的婚姻关系因发生一定的法律事实而归于消灭，当事人双方婚姻关系消灭，夫妻身份不复存在。

1. 婚姻终止有严格的法律界定。只有合法有效的婚姻关系存在，才会有婚姻关系终止的法律后果发生。

2. 婚姻关系的终止须基于一定的法律事实。配偶一方死亡或者离婚是婚姻终止的两种法律事实。

3. 婚姻终止将产生一系列的法律后果。婚姻终止不仅在婚姻关系当事人之间引起人身关系、财产关系的变化，也会引起婚姻关系当事人与第三人之间的权利义务的变更和消灭。

（二）婚姻终止的原因

1. 因配偶死亡而终止。配偶自然死亡，婚姻关系的主体一方已不复存在，婚姻关系即自然终止，法律对此无须作明文规定。如果是因为配偶失踪经宣告死亡程序由人民法院宣告死亡，被宣告死亡人与配偶的婚姻关系，自死亡宣告之日起消灭。由于死亡宣告是一种法律推定，推定会有两种情况，一种情况是推定正确，被宣告死亡的人确实死亡；另一种情况是推定不正确，即被宣告死亡的人并未真的死亡而又重新出现或确知其没有死亡，经本人或利害关系人申请，由人民法院撤销原宣告死亡的判决。但在原判决发生法律效力的期间内，如果被宣告死亡人的配偶已与他人登记结婚的，其婚姻关系具有法律效力。如被宣告死亡人重新出现，他们原来的婚姻关系不能自行恢复。即使其配偶再婚后又离婚或者再婚配偶又死亡的，他们的婚姻关系也不能自行恢复。如果被宣告死亡人的配偶尚未再婚的，婚姻关系从撤销死亡宣告之日起自行恢复。

2. 因离婚而终止。离婚是指夫妻双方生存期间，依照法律规定的条件和程序，解除婚姻关系的法律行为。

二、离婚与别居

别居，是指婚姻双方暂时或永久地解除同居义务但是维持婚姻关系的法律制度。别居制度产生于中世纪的欧洲，在教会法禁止离婚的情形下，为解除夫妻双方不堪共同生活而设立的制度。当代大多数国家都采取了离婚自由的法律制度，但仍有一些国家保留了别居制度。

离婚与别居的区别主要有：①别居期间，离家不离婚，婚姻关系仍处存续状态，双方只解除同居义务，但不得另行结婚，否则构成重婚；离婚则完全解除婚姻关系，离婚后，双方均有再婚的权利。②别居期间，夫妻仍负贞操义务，离婚后双方无此法律义务。③别居期间，夫妻仍有相互扶养的义务，离婚后此义务完全消灭。④别居期间，夫妻间仍有相互继承财产的权利，离婚后则无此权利。

别居与离婚存在一定的联系，绝大多数规定别居的国家同时规定了将别居一定期限作为判决离婚或转化为离婚的法定理由。我国《婚姻法》没有别居制度的规定，但在 2001 年《婚姻法》中将夫妻感情不和分居满 2 年作为判定夫妻感情确已破裂，得判决离婚的法定理由。

三、我国离婚制度的历史沿革

离婚制度是婚姻家庭制度的重要组成部分，它的发生、发展和演变受到社会物质生产关系的制约，并且受到政治、文化、道德、宗教等因素的深刻影响。就我国离婚制度的发展历程来看，有如下几个阶段：

（一）古代社会的离婚制度

1. 专权离婚制。在奴隶社会、封建社会，总体上实行的是专权离婚制度。其特点是丈夫享有离婚的特权；对妻子来说，婚姻是不可离异的。

2. 几种主要离婚制度。

（1）"七出"的规定也是典型的专权离婚制度。"七出"是允许男子休妻、男家弃妇的七种理由。妻子违反"七出"中的一条，如不孝顺公婆、不生育儿子、与人通奸、嫉妒丈夫的妾、患恶性传染病、多嘴多舌、擅自动用家庭财产，丈夫就可休弃她。古代礼法还设有例外情况，以"三不去"对"七出"进行限制：给公婆服过三年丧的、曾与丈夫同甘共苦现在富贵的、无娘家可归的妻子，不能被休弃。而妻子只能"从一而终"，在丈夫生前不能提出离异；丈夫死后也要守节，不得再嫁。

（2）义绝，是强制离异制度。义绝不是独立的离婚制度，而是一种刑事案件附带的民事法律后果。根据《唐律疏义》的解释，构成义绝有五种：夫妻间及与相互的亲属间的殴打、谩骂、杀害、伤害、通奸的行为。发生这五种事由之一，经官府处断，夫妻的婚姻关系必须强行离异，否则就会被处刑。义绝与"出妻"不同。"七出"是于礼应出，于法可出，而非必出，合当义绝而不绝者，则须依律科刑。

（3）和离，是协议离异制度。《唐律·户婚律》中规定："若夫妻不相安谐而和离者不坐。"即夫妻感情不和，可以自愿协议离婚，并且不受处罚。但在封建桎梏的控制下，毫无经济保障、受着"三从四德"和贞操观念束缚下的妇女，实际上是无法实现和离愿望的。所谓的"两愿离"，主要取决于丈夫或夫家。

（4）呈诉离婚，是出于特定缘由离异的制度。男方据以呈诉的理由常有"妻背夫在逃"、"男妇虚执翁奸"、"妻杀妾子"等。女方据以呈诉的理由常有"夫逃亡三年不还"、"夫抑勒或纵容妻妾与人通奸"、"夫典雇妻妾"、"翁欺奸男妇"等。例如明清律均规定，受财典雇妻妾与人者，除处以刑罚外，并勒令离异。

（二）近现代社会的离婚制度

国民党政府统治时期，在1930年制定的《民法·亲属编》确立了两愿离婚和判决离婚两种制度。

1. 两愿离婚是指夫妻双方可以书面的形式协议离婚。如果是未成年人的，要征得法定代理人的同意；离婚后子女的监护由丈夫决定，有另外约定的从约定。

2. 判决离婚是指通过法院的裁判解除婚姻关系的制度。《民

法·亲属编》规定了可判决解除婚姻关系的 10 种情形：①重婚者；②与人通奸者；③夫妻一方不堪同居之虐待者；④妻对于夫之直系尊亲属为虐待，或受夫之直系尊亲属之虐待，致不堪共同生活者；⑤夫妻一方以恶意遗弃他方在继续状态中者；⑥夫妻之一方意图杀害他方者；⑦有不治之恶疾者；⑧有重大不治之精神病者；⑨生死不明已逾 3 年者；⑩被处 3 年以上之徒刑或因犯不名誉之罪被处徒刑者。同时，将"同意"、"宥恕"、"期间经过"等作为离婚之诉不受理的原因。

（三）新中国离婚制度

1950 年，我国颁布了第一部《婚姻法》，对我国的离婚制度作了全面的规定：①离婚方式上，双方可以自愿离婚和经过诉讼离婚。②离婚程序上，离婚需经登记机关审查或经过人民法院判决方可产生解除婚姻关系的效力；调解是解除婚姻关系中的重要程序；对特殊情况下配偶的离婚诉权加以限制：女方怀孕期间及分娩后 1 年内，男方不能提出离婚诉讼；现役军人的配偶离婚须经军人同意。③规定了离婚后夫妻财产的分割及子女的抚养问题。

1980 年《婚姻法》对离婚制度进一步进行了完善。在离婚方式上继续实行协议离婚和诉讼离婚并行的制度，明确将"感情确已破裂"作为人民法院裁判离婚的标准。

2001 年《婚姻法》修改时对离婚制度作了重要的修改和补充，具体内容在下文详述。

第二节　登记离婚

登记离婚，又称协议离婚，是指婚姻关系当事人双方自愿达成离婚合意并通过离婚登记程序解除婚姻关系的法律制度。《婚姻法》第 31 条规定，男女双方自愿离婚的，准予离婚。双方必须到婚姻登记机关申请离婚。婚姻登记机关经过审查和询问相关情况后，对符合离婚条件的当事人予以登记并发给离婚证，自双方签收离婚证之日起，婚姻关系即告解除。如果没有经过婚姻登记机关的审查和确认，离婚协议不产生解除婚姻关系的法律效力。

一、登记离婚的条件

离婚虽是以解除夫妻关系为目的的行为，但往往会涉及财产的分割和子女的抚养等诸多问题。婚姻登记机关查明双方确实是自愿并对子女、财产及债务等问题已适当处理时，发给离婚证。[1] 登记离婚需具备下列条件：

（一）当事人须为合法夫妻并且具有完全民事行为能力

1. 协议离婚的当事人双方应当具有合法夫妻身份。以协议离婚方式办理离婚的，仅限于依法办理了结婚登记的婚姻关系当事人，不包括未婚同居和有配偶者与他人非法同居的男女双方，也不包括未办理结婚登记的"事实婚姻"中的男女双方。

2. 协议离婚的当事人双方均应当具有完全的民事行为能力。只有完全民事行为能力人才能独立自主地处理自己的婚姻问题。一方或者双方当事人为限制民事行为能力或者无民事行为能力的，即精神病患者、痴呆症患者，不适用协议离婚程序，只能适用诉讼程序处理离婚问题，以维护没有完全民事行为能力当事人的合法权益。离婚行为必须由离婚当事人亲自所为，其他任何人不能代为行使离婚权利。就离婚行为的发起来看，必须由夫妻双方或一方亲自提出；就离婚过程来看，一般必须由夫妻双方亲自参与；就离婚的后果来看，不论是身份的还是财产方面的后果都必须由夫妻双方亲自承受。

---

〔1〕　参见《婚姻法》第31条；《婚姻登记条例》第11、12条。

（二）当事人双方自愿协议离婚

"双方自愿"是协议离婚的基本条件，协议离婚的当事人应当有一致的离婚意愿。这一意愿必须是真实而非虚假的；必须是自主作出的而不是受对方或第三方欺诈、胁迫或因重大误解而形成的；必须是一致的而不是有分歧的。

（三）已对子女抚养、财产、债务等问题达成一致处理意见

此规定是协议离婚的必要条件。如果婚姻关系当事人无法对离婚后的子女抚养、财产、债务等问题达成一致处理意见，则不能通过婚姻登记程序离婚，只能通过诉讼程序离婚。

1. 子女抚养问题处理。当事人双方应在有利于保护子女合法权益的原则下对离婚后有关子女抚养、教育、探望等问题作合理的、妥当的安排。

2. 财产问题处理。指对婚姻关系存续期间夫妻共同财产如何分割的问题。当事人双方应在不侵害任何一方合法权益的前提下，对夫妻共同财产作合理分割。

3. 债务问题处理是指在不侵害国家、集体和第三人利益的前提下，对共同债务的清偿作出负责的处理。

二、登记离婚的主管机关

离婚登记按地域进行管辖，登记离婚的主管机关是婚姻当事人一方户籍所在地的婚姻登记机关。在城市是街道办事处或者市辖区、不设区的市人民政府的民政部门，在农村是乡、民族乡、镇的人民政府。在婚姻登记管理机关中，由持有婚姻登记管理员证书的人员从事协议离婚的登记工作。

三、登记离婚的程序

（一）登记离婚的机关

登记离婚的机关是县级人民政府民政部门或者乡（镇）人

民政府。《婚姻登记条例》第 10 条规定："内地居民自愿离婚的，男女双方应当共同到一方当事人常住户口所在地的婚姻登记机关办理离婚登记。中国公民同外国人在中国内地自愿离婚的，内地居民同香港居民、澳门居民、台湾居民、华侨在中国内地自愿离婚的，男女双方应当共同到内地居民常住户口所在地的婚姻登记机关办理离婚登记。"

（二）登记离婚的具体程序

1. 当事人申请。离婚登记按地域进行管辖。当事人协议离婚的，应到一方当事人常住户口所在地的婚姻登记机关申请离婚登记。由于离婚是一种重要的身份法律行为，因此，当事人离婚，必须双方亲自到婚姻登记管理机关申请离婚登记，不得委托他人代为办理。申请时应持双方的结婚证、户口簿、居民身份证等证件和证明以及离婚协议书。离婚协议书应当写明双方当事人的离婚意思表示以及关于子女抚养、夫妻一方生活困难的经济帮助、财产分割及债务处理等协议事项，并由双方当事人签字或者盖章。

2. 婚姻登记机关审查。婚姻登记机关应对当事人的离婚申请进行审查，查明当事人所携带的证明和证件是否齐全，当事人是否符合登记离婚的诸项条件。婚姻登记机关如查明仅为夫妻一方要求离婚，或者夫妻双方虽然都同意离婚，但在子女和财产等问题上未达成协议的，不予受理。一方或双方当事人为限制或无民事行为能力人以及未办理过结婚登记的离婚申请，不予受理。结婚登记不是在内地办理的，不予受理。

3. 离婚登记和发给离婚证。婚姻登记机关对于当事人确属自愿，并已对子女抚养、财产分割、债务承担等问题达成一致意见的，应当当场予以登记，发给离婚证，注销结婚证。离婚证是婚姻关系已经合法解除的具有法律效力的文件。当事人从取得离婚证之日起，解除婚姻关系。

第三节 诉讼离婚

一、诉讼离婚概述

（一）诉讼离婚的概念

诉讼离婚，又称判决离婚，是婚姻当事人向人民法院提出离婚请求，由人民法院调解或判决而解除婚姻关系的一项离婚制度。当事人双方未就解除婚姻关系达成一致，或者双方虽然同意离婚，但在子女、财产以及债务问题上不能达成一致意见，可通过诉讼方式解除婚姻关系。

（二）诉讼离婚的特征

诉讼离婚制度有下述特征：①诉讼离婚有着法定的必要条件，即"感情确已破裂，调解无效"；②在诉讼活动中，人民法院对争议处理起主导作用，对当事人提出的离婚请求和理由进行审查，是否准予离婚取决于人民法院的依法裁量；③人民法院依法作出的调解和判决，在发生法律效力后，即具有强制执行力，当事人不履行调解书和判决书中所确定的义务的，人民法院可依另一方的申请予以强制执行。

二、诉讼离婚程序

（一）起诉

当事人提起的离婚诉讼，原则上由被告住所地人民法院管辖。但在下述情况下，采用特殊地域管辖：

1. 被告离开住所地超过 1 年的，由原告住所地人民法院管辖；双方离开住所地超过 1 年的，由被告经常居住地人民法院管辖，没有经常居住地的由原告起诉时居住地的人民法院管辖。

2. 被告下落不明或者宣告失踪的，由原告住所地人民法院管辖；原告住所地与经常居住地不一致的，由原告经常居住地人民法院管辖。

3. 被告被劳动教养或者被监禁的，由原告住所地人民法院管辖；原告住所地与经常居住地不一致的，由原告经常居住地人民法院管辖。

4. 非军人对非文职军人提起离婚诉讼由原告住所地人民法院管辖；双方当事人都是军人的，由被告住所地或者被告所在的团级以上单位驻地的人民法院管辖。

5. 被告不在中华人民共和国领域内居住的，由原告住所地人民法院管辖；原告住所地与经常居住地不一致的，由原告经常居住地人民法院管辖。

6. 中国公民双方在国外但未定居，一方向人民法院起诉离婚的，由原告或者被告原住所地的人民法院管辖。

（二）调解

《婚姻法》第 32 条规定，男女一方要求离婚的，可由有关部门进行调解或直接向人民法院提出离婚诉讼。人民法院审理离婚案件，应当进行调解；如感情确已破裂，调解无效，应准予离婚。因此，调解是诉讼离婚程序中的重要环节。

调解是人民法院审理离婚案件的必经程序，目的在于防止当事人草率离婚，以及在双方当事人不能和解时，有助于平和、妥善地处理离婚所涉及的方方面面的问题。调解和好不成，双方还是坚持离婚的，也可以调解离婚。调解离婚有助于解决财产和子女问题，由此而达成的调解离婚协议，双方当事人一般都能自觉履行。调解达成协议，必须当事人双方自愿，不得强迫；调解应本着合法的原则进行，调解协议的内容不得违反法律规定。

经过诉讼中的调解，会出现三种可能：

1. 调解和好。人民法院将调解和好协议的内容记入笔录，由双方当事人、审判人员、书记员签名或者盖章，协议的法律效力至此产生。

2. 调解离婚。双方同意离婚，妥善安排子女今后的生活、合理分割财产等。人民法院应当按照协议的内容制作调解书。调解书应写明诉讼请求、案件的事实和调解结果，并由审判人员、书记员署名，加盖人民法院印章。离婚调解书经双方当事人签收后即具有法律效力。

3. 调解无效。包括双方就是否离婚或者子女抚养、财产分割等方面达不成协议，在这种情况下，离婚诉讼程序继续进行，由法院依法进行判决。

（三）判决

对于调解无效的案件，人民法院应当依法判决。判决应当根据当事人的婚姻状况，判决准予离婚或者判决不准离婚。

一审判决离婚的，当事人在判决发生法律效力前不得另行结婚。当事人不服一审判决的，有权依法提出上诉。双方当事人在 15 天的上诉期内均不上诉的，判决书发生法律效力。第二审人民法院审理上诉案件可以进行调解。经调解双方达成协议的，自调解书送达时起，原审判决即视为撤销。第二审人民法院作出的判决是终审判决。

现役军人的离婚需特殊处理。现役军人的配偶提出离婚，现役军人不同意的情况下，如果婚姻基础和婚后感情都比较好，人民法院应配合现役军人所在单位对军人的配偶进行说服教育，劝其珍惜与军人的婚姻关系，正确对待婚姻问题，尽量调解和好或判决不予离婚。但是，如果感情确已破裂，确实无法继续维持夫妻关系，经调解无效，人民法院应当通过军人所在单位的政治机关，向军人做好工作，经其同意后，始得准予离婚。

三、离婚诉权的限制

解除婚姻关系的权利尽管主要是当事人意愿的体现，但基于婚姻关系中某些特殊群体利益保护的需要，法律对特定主体的离婚请求权进行了适当的限制。

（一）男方离婚请求权的限制

《婚姻法》第34条规定，女方在怀孕期间、分娩后1年内或中止妊娠后6个月内，男方不得提出离婚。女方提出离婚的，或人民法院认为确有必要受理男方离婚请求的，不在此限。

这项规定是对妇女、儿童身心健康的特别保护，一定条件下限制了男方提出离婚的请求权。女方怀孕期间、分娩后1年内或中止妊娠后6个月内，一方面，胎儿或婴儿正处在发育阶段，正需要父母的合力抚育；另一方面，妇女也需要身心的康复，如果此时男方提出离婚请求，对妇女的精神刺激过重，既影响妇女的身体健康，也不利于胎儿或婴儿的保育。

该规定限制的主体是男方，而不是女方；限制的是男方在一定期限内的起诉权，而不是否定和剥夺男方的起诉权，只是推迟了男方提出离婚的时间，并不涉及准予离婚与不准予离婚的实体性问题。但是，男方在此期间并不是绝对的没有离婚请求权，法律还有例外规定，即人民法院认为“确有必要”的，也可以根据具体情况受理男方的离婚请求。所谓“确有必要”，一般是指比该条特别保护利益更为重要的利益需要关注的情形。哪些情形“确有必要”受理，由人民法院认定。比如，女方危及男方人身安全、女方通奸以致怀孕等。

法律还规定了该条的另一种例外情形，即在此期间，女方提出离婚的，不受此规定的限制。女方自愿放弃法律对其的特殊保护，说明其本人对离婚已有思想准备，此时不应加以限制，法院应根据实际情况判予离婚。

（二）现役军人配偶离婚请求权的限制

《婚姻法》第33条规定，现役军人的配偶要求离婚，须得军人同意，但军人一方有重大过错的除外。该条规定适用的主体是现役军人和现役军人的配偶。中国人民武装警察部队虽然不属于中国人民解放军的编制序列，但是在婚姻问题上仍按现役军人婚姻问题处理。下列情形不适用本条规定：

1. 如果双方都是现役军人，则不是该条调整的对象。如果双方都是现役军人，不管由谁首先提出离婚诉讼，若要适用本条的规定，则必然会妨害另一方军人的利益。这与该条特殊保护军人婚姻的立法意图不相符合。

2. 现役军人向非军人主动提出离婚的，不适用本条的规定，应按一般离婚纠纷处理。

军人配偶离婚请求权的限制也有例外，"须得军人同意"不是绝对的。如果夫妻感情破裂是由于军人一方的重大过错造成的，非军人配偶一方也可以提出离婚。"重大过错"主要包括：军人一方具有重婚、婚外同居、家庭暴力、虐待、遗弃等情形的。总之，处理涉及军人的离婚问题，有关部门必须慎重对待，从严掌握。

（三）对原告再次起诉权的限制

判决不准离婚和调解和好的离婚案件，以及原告撤诉或者按照撤诉处理的离婚案件，没有新情况、新理由的，原告在6个月以内又起诉的，不予受理。被告起诉的，不在此限。

四、判决离婚的法定条件

《婚姻法》第32条规定，人民法院审理离婚案件，应当进行调解；如感情确已破裂，调解无效，应准予离婚。判断夫妻感情是否确已破裂，应当从婚姻基础、婚后感情、离婚原因、夫妻关系的现状和有无和好的可能等方面综合分析。根据《婚姻法》的有关规定和审判实践经验，凡属下列情形之一的，视为夫妻感情确已破裂，一方坚决要求离婚，经调解无效，可依法判决准予离婚：①重婚或有配偶者与他人同居的；②实施家庭暴力或虐待、遗弃家庭成员的；③有赌博、吸毒等恶习屡教不改的；④因感情不和分居满2年的；⑤其他导致夫妻感情破裂的情形。

其他导致夫妻感情破裂的情形，通常可以从以下几个方面进行考虑：

1. 婚前隐瞒了精神病，婚后经治不愈的，或者婚前知道对方患有精神病而与其结婚，或一方在夫妻共同生活期间患精神病，久治不愈。

2. 双方办理结婚登记后，未同居生活的。

3. 一方被依法判刑，或其违法、犯罪行为严重伤害夫妻感情的。

4. 一方有生理缺陷，不能发生性行为的。

5. 夫妻双方因是否生育发生纠纷，致使感情确已破裂，一方请求离婚的。

6. 一方下落不明满2年，对方起诉离婚，经公告查找确无下落的。

第四节 离婚的法律后果

一、离婚对当事人身份上的效力

（一）离婚后夫妻关系

夫妻关系是男女两性基于自愿而结成的婚姻关系，可依法律程序而成立，亦可依法律行为而消除。离婚后，夫妻关系解除，双方可以获得再婚权。

（二）离婚后父母子女间的关系

婚姻关系的解除只是夫妻双方的基于婚姻而存在的人身关系和财产关系归于消灭，但父母与子女之间存有的血亲关系不因父母离婚而消除。为了子女的合法利益，不致因父母离婚而受到损害，父母与子女间的关系，不因父母离婚而消除。离婚后，子女无论由父或母直接抚养，仍是父母双方的子女。离婚后父母对于子女仍有抚养和教育的权利与义务。

（三）离婚后的拟制血亲关系

拟制血亲所形成的父母子女关系与亲生父母子女关系不同，是否解除，视情况而定。

1. 继父或继母与继子女的抚养关系。由于继父或继母与继子女没有血缘关系，因此，当继父（母）与生母（父）离婚时，继子女与继父母的关系应本着以下原则处理：

（1）生父与继母或生母与继父离婚时，继父或继母对曾受其抚养教育的继子女，不同意继续抚养的，不能勉强，继子女与继父或继母的关系可自然解除。继父或继母愿意继续抚养继子女的，人民法院应予准许。

（2）受继父或继母长期抚养、教育的继子女已成年的，继父或继母与继子女已经形成的身份关系和权利义务关系不能因离婚而自然解除；只有在继父或继母或继子女一方或双方提出解除继父母子女关系并符合法律规定的条件下，才可以解除。但由继父或继母养大成人的并独立生活的继子女，对于生活困难、无劳动能力的继父或继母晚年的生活费用应该继续承担。

2. 养父母与养子女的抚养关系。养父母与养子女之间的身份关系及其权利义务关系，不因养父母离婚必然解除。养父母离婚后，养子女无论由养父或养母抚养，仍是养父母双方的养子女。在特殊情况下，如养父母离婚时经生父母及有识别能力的养子女同意，双方自愿达成协议，未成年的养子女一方面可依法解除收养关系，由生父母抚养；另一方面可以变更收养关系，由养父或养母一方收养。但变更或解除必须符合《收养法》的要求，不得侵犯未成年养子女的合法权益。

二、离婚对当事人财产上的效力

（一）离婚后的经济帮助

《婚姻法》第42条规定："离婚时，如一方生活困难，另一方应从其住房等个人财产中给予适当帮助。具体办法由双方协议；协议不成时，由人民法院判决。"

婚姻关系存续期间，夫妻双方有互相扶养的义务，一方不履行扶养义务时，需要扶养的一方有要求对方付给扶养费的权利。婚姻关系终结后，仍要求一方对生活困难的另一方从其个人财产中给予适当的帮助，实质是夫妻间扶养义务的延续。现代的配偶扶养是双向的，但实际上由于妇女的经济能力大多低于男性，尤其在农村，这种差距更为明显，因此离婚时要求对方给予帮助的女性比例要远远高于男性。

（二）离婚时夫妻债务清偿责任

《婚姻法》第41条规定："离婚时，原为夫妻共同生活所负的债务，应当共同偿还。共同财产不足清偿的，或财产归各自所有的，由双方协议清偿；协议不成时，由人民法院判决。"

婚姻关系终结时，夫妻债务清偿应遵循的原则是共同债务以共同财产清偿，个人债务以个人财产偿还。为夫妻共同生活所欠的债务，无论是否为夫妻共同所为，他方是否认可，均应推定为共同债务。凡为个人需要而支付的费用或负担债务，应由本人以其个人财产清偿，他方无代偿义务。夫妻对婚姻关系存续期间所得的财产约定归各自所有的，夫或妻一方对外所负的债务，第三人知道该约定的，以夫或妻一方所有的财产清偿，其举证责任由夫或妻一方承担。

（三）　离婚后夫妻财产分割

离婚时的财产分割是离婚所产生的法律后果之一。法律允许夫妻双方在离婚时就财产问题自行协商处理。在分割时首先应对财产的性质作出界定。

1. 共同财产的界定。根据《婚姻法》第 17 条的规定，夫妻在婚姻关系存续期间所得的下列财产，归夫妻共同所有：①工资、奖金；②生产、经营的收益；③知识产权的收益；④继承或赠与所得的财产，但该法第 18 条第 3 项规定的除外；⑤其他应当归共同所有的财产。

夫妻对共同所有的财产，有平等的处理权。离婚时，夫妻的共同财产由双方协议处理；协议不成时，由人民法院根据财产的具体情况，以照顾子女和女方权益的原则判决。夫或妻在家庭土地承包经营中享有的权益等，应当依法予以保护。

在分割夫妻共同财产时，应区分与生产经营相关的财产、房屋以及知识产权等不同类型财产而作不同处理，原则上作均等分割，但根据生产、生活的实际需要和财产来源等情况，具体处理时也可有所差别。

（1）与生产经营有关的财产。最高人民法院 1993 年《关于人民法院审理离婚案件处理财产分割问题的若干具体意见》中规定：①一方以夫妻共同财产与他人合伙经营的，入伙的财产可分给一方所有，分得入伙财产的一方对另一方应给予相当于该财产一半价值的补偿。②属于夫妻共同财产的生产资料，可分给有经营条件和能力的一方。分得该生产资料的一方对另一方应给予相当于该财产一半价值的补偿。③对夫妻共同财产经营的当年无收益的养殖、种植业等，离婚时应从有利于发展生产、有利于经营管理考虑，予以合理分割或折价处理。

（2）关于房屋。在房屋分割中要体现对妇女儿童权益的保护，将房屋分割和子女抚养结合起来。

第一，婚前或者婚姻关系存续期间，当事人约定将一方所有的房产赠与另一方，赠与方在赠与房产变更登记之前撤销赠与，另一方请求判令继续履行的，人民法院可以按照《合同法》规定的"赠与人在赠与财产的权利转移之前可以撤销赠与。具有救灾、扶贫等社会公益、道德义务性质的赠与合同或者经过公证的赠与合同，不适用前款规定"处理。

第二，婚后由一方父母出资为子女购买的不动产，产权登记在出资人子女名下的，视为只对自己子女一方的赠与，该不动产应认定为夫妻一方的个人财产。由双方父母出资购买的不动产，产权登记在一方子女名下的，该不动产可认定为双方按照各自父母的出资份额按份共有，但当事人另有约定的除外。

第三，婚姻关系存续期间，双方用夫妻共同财产出资购买以一方父母名义参加房改的房屋，产权登记在一方父母名下，离婚时另一方主张按照夫妻共同财产对该房屋进行分割的，人民法院不予支持。购买该房屋时的出资，可以作为债权处理。

第四，夫妻一方婚前签订不动产买卖合同，以个人财产支付首付款并在银行贷款，婚后用夫妻共同财产还贷，不动产登记于首付款支付方名下的，离婚时该不动产由双方协议处理。不能达成协议的，人民法院可以判决该不动产归产权登记一方，尚未归还的贷款为产权登记一方的个人债务。双方婚后共同还贷支付的款项及其相对应财产增值部分，离婚时由产权登记一方对另一方进行补偿。

第五，一方未经另一方同意出售夫妻共同共有的房屋，第三人善意购买、支付合理对价并办理产权登记手续，另一方主张追回该房屋的，人民法院不予支持。夫妻一方擅自处分共同共有的房屋造成另一方损失，离婚时另一方请求赔偿损失的，人民法院应予支持。

（3）关于农村土地承包经营权。在农村，夫妻共同财产的分割主要涉及房屋、承包的土地、果园等。《妇女权益保障法》第32条规定，妇女在农村土地承包经营、集体经济组织收益分配、土地征收或者征用补偿费使用以及宅基地使用等方面，享有与男子平等的权利。不得侵害妇女的合法权益。农村地区的土地、果园大部分实行家庭联产承包责任制，每个家庭承包的面积是根据家庭人口按本村人均面积分配的，因此，女方在土地承包上同样享有承包经营权。但是中国的婚姻习俗多数是女方落户到男方，承包土地多数以男方为户主名义承包，双方一旦离婚，女方的承包经营权难以保障。

离婚时，一方隐藏、转移、变卖、毁损夫妻共同财产，或伪造债务企图侵占另一方财产的，分割夫妻共同财产时，对隐藏、转移、变卖、毁损夫妻共同财产或伪造债务的一方，可以少分或不分。离婚后，另一方发现有上述行为的，可以向人民法院提起诉讼，请求再次分割夫妻共同财产。此项请求权的行使要受到诉讼时效的限制，即权利人自知道或应当知道权利被侵害时起计算，两年后再向人民法院提起诉讼则丧失胜诉权。

婚姻关系存续期间，夫妻一方请求分割共同财产的，人民法院不予支持。根据最高人民法院《婚姻法司法解释（三）》第4条规定，有下列重大理由且不损害债权人利益的除外：①一方有隐藏、转移、变卖、毁损、挥霍夫妻共同财产或者伪造夫妻共同债务等严重损害夫妻共同财产利益行为的；②一方负有法定扶养义务的人患重大疾病需要医治，另一方不同意支付相关医疗费用的。

2. 夫妻一方个人财产的界定。《婚姻法》第18条规定，有下列情形之一的，为夫妻一方的财产：①一方的婚前财产；②一方因身体受到伤害获得的医疗费、残疾人生活补助费等费用；③遗嘱或赠与合同中确定只归夫或妻一方的财产；④一方专用的生活用品；⑤其他应当归一方的财产。

夫妻可以约定婚姻关系存续期间所得的财产以及婚前财产归各自所有、共同所有或部分各自所有、部分共同所有。约定应当采用书面形式。夫妻对婚姻关系存续期间所得的财产以及婚前财产的约定，对双方具有约束力。如果夫妻双方约定实行分别财产制，则财产归属较为明晰，发生纠纷时关键在于举证。当对个人财产还是夫妻共同财产难以确定时，主张权利的一方负有举证责任，当事人举不出有力证据，法院又无法查实的，一般按夫妻共同财产处理。夫妻一方个人财产在婚后产生的收益，除孳息和自然增值外，应认定为夫妻共同财产。

没有约定或约定不明确的，适用《婚姻法》第17、18条的规定。如果夫妻双方未对婚姻关系存续期间所得的财产以及婚前财产作出约定，则除《婚姻法》第18条规定的财产以外，为夫妻共同财产，按规定进行分割。如果夫妻双方约定婚姻关系存续期间以及婚前财产均为夫妻共同财产，则离婚时可以分割的财产不仅包括婚后所得财产，还包括夫妻双方的个人婚前财产。如果夫妻双方对婚姻关系存续期间所得的财产以及婚前财产约定部分归各自所有、部分归共同所有，在离婚分割财产时，首先要根据夫妻双方的约定界定个人财产和共同财产的范围，然后再对共同财产进行分割。

（四）离婚后子女抚养费的负担

婚姻关系的解除并不影响父母子女关系。离婚后，一方抚养的子女，另一方应负担必要的生活费和教育费的一部分或全部。负担费用的多少和期限的长短，由双方协议；协议不成时，由人民法院判决。离婚后的夫妻双方都有平等地负担子女生活费和教育费的经济责任，这是法律规定父母对未成年子女的抚养和抚育费负担的强制性的、无条件的、双方平等的义务，当事人都应当自觉遵照执行。至于其经济负担数额和期限等问题，应从子女的实际需要和父母双方所能负担的能力量力而定，合理解决。

给付子女抚养费的数额，一般是根据父母离婚的当时，子女所需的必要费用和给付者的经济能力而确定的。但随着社会经济的发展以及人的具体情况的不断变化，关于子女生活费和教育费的协议或判决，不妨碍子女在必要时向父母任何一方提出超过协议或判决原定数额的合理要求。这可由子女与父母协议解决，协议不成的，可由法院依诉讼程序处理。

此外，还有减免父或母一方抚养费的情况，一般有两种：①抚养子女的父或母既有经济负担能力，又愿意独自承担全部抚育费；②给付义务的父或母因出现某种困难，确实无法或没有能力给付抚养费的，可以通过协议或判决，酌情减免给付数额。但减免是有条件的，一旦被减免方情况好转，有能力给予抚养费时，应依照原定数额给付。

需要说明的是，免除抚育费只是就抚养费而言，其教育子女的其他义务是不能被免除的，另一方不得以减免抚养费为由，限制或剥夺另一方探望子女等权利。变更抚育费原则上限于子女提出或根据子女利益，由直接抚养子女的一方以子女的名义提出，但权利主体只能是子女。

三、离婚损害赔偿

《婚姻法》采取离婚过错赔偿原则，无过错方有权请求赔偿。在分割夫妻共同财产时，人民法院对夫妻共同财产的处理，应坚持照顾无过错方的原则。有下列情形之一，导致离婚的，无过错方有权请求损害赔偿：①重婚的；②有配偶者与他人同居的；③实施家庭暴力的；④虐待、遗弃家庭成员的。"夫以妻擅自中止妊娠侵犯其生育权为由请求损害赔偿的，人民法院不予支持。"[1]

离婚过错赔偿方式分为两类：①在夫妻共同财产分割中，向无过错方多分财产，这是审判实践的做法；②在夫妻财产归各自所有，或共有财产不足以补偿的情况下，过错方以自己的财产向无过错方作出补偿。

四、离婚对父母子女的法律后果

（一）关于离婚后子女的抚养归属

离婚虽然不能消除父母与子女之间的关系，但抚养方式却会因离婚而发生变化。最高人民法院在《关于人民法院审理离婚案件处理子女抚养问题的若干具体意见》中对离婚后的子女抚养问题作了具体规定。

1. 确定子女抚养的原则。有利于子女身心健康，保障子女的合法权益是贯穿于《婚姻法》的基本原则，也是处理离婚后子女抚养归属问题的出发点，只有在此前提下，再结合父母双方的抚养能力和抚养条件等具体情况妥善解决。

2. 确定子女抚养的具体办法。

（1）两周岁以下子女的抚养。两周岁以下的子女，一般随母亲生活。但母亲有下列情形之一的，也可随父亲生活：①母亲患有久治不愈的传染性疾病或其他严重疾病，子女不宜与其共同生活的；②母亲有抚养条件不尽抚养义务，而父亲要求子女随其生活的，并对子女健康成长没有不利影响的；③因其他原因，子女确无法随母方生活的，如母亲的经济能力及生活环境对抚养子女明显不利的，或母亲的品行不端不利于子女成长的，或因违法犯罪被判服刑不可能抚养子女的，等等。

（2）2周岁以上不满10周岁的子女的抚养。处于该年龄阶

---

〔1〕　参见最高人民法院《婚姻法司法解释（三）》第9条。

段的子女，随父或随母生活，首先应由父母双方协议决定。因此，当父母双方对抚养子女发生争议时，法院应当进行调解，在当事人双方自愿、合法的前提下，协商决定：未成年子女由父方抚养或随母方生活，或者在有利于保护子女利益的前提下，由父母双方轮流抚养，对上述几种抚养方式的解决，法院都是可以准许的。

如果当事人双方因子女抚养问题达不成协议时，法院应结合父母双方的抚养能力和抚养条件等具体情况，根据有利于子女健康成长的原则妥善地作出裁决。父亲和母亲均要求随其生活，一方有下列情形之一的，可予优先考虑：①已做绝育手术或因其他原因丧失生育能力的；②子女随其生活时间较长，改变生活环境对子女健康成长明显不利的；③无其他子女，而另一方有其他子女的；④子女随其生活，对子女成长有利，而另一方患有久治不愈的传染性疾病或其他严重疾病，或者有其他不利于子女身心健康的情形，不宜与子女共同生活的。

（3）10 周岁以上未成年子女的抚养。父母双方对 10 周岁以上的未成年子女随父或随母生活发生争执的，应考虑该子女的意见。

此外，父母双方抚养子女的条件基本相同，双方均要求子女与其共同生活，但子女单独随祖父母或外祖父母共同生活多年，且祖父母或外祖父母要求并且有能力帮助子女照顾孙子女或外孙子女的，可作为子女随父或母生活的优先条件予以考虑。在有利于保护子女利益的前提下，父母双方协议轮流抚养子女的，应予准许。父母双方可以协议子女随一方生活并由抚养方负担子女全部抚育费。但经查实，抚养方的抚养能力明显不能保障子女所需费用，影响子女健康成长的，对单方负担全部抚育费的请求，不予准许。

3. 子女抚养归属的变更。父母离婚后，在一定条件下，子女抚养归属可以根据父母双方或子女的实际情况的变化，依法予以变更。抚养归属的变更，有两种形式：

（1）双方协议变更。父母双方协议变更子女抚养关系的，只要有利于子女身心健康和保障子女合法权益，应予准许。

（2）一方要求变更。凡一方要求变更子女抚养关系的，有下列情形之一的，应予支持：①与子女共同生活的一方因患严重疾病或因伤残无力继续抚养子女的；②与子女共同生活的一方不尽抚养义务或有虐待子女行为，或其与子女共同生活对子女身心健康确有不利影响的；③10周岁以上未成年子女，愿随另一方生活，该方又有抚养能力的；④有其他正当理由需要变更的。

另外，对于在离婚诉讼期间，双方均拒绝抚养子女的，可先行裁定暂由一方抚养。离婚后，一方要求变更子女抚养关系，双方对此不能达成协议时，应另行起诉。

（二）离婚后对子女的探望权

婚姻家庭法中的亲权是以主体间特定的亲属身份为发生依据的，父母婚姻关系的终结并不改变父母与子女的血缘身份关系。离婚后，不直接抚养子女的父或母，有探望子女的权利，另一方有协助的义务。行使探望权利的方式、时间由当事人协议；协议不成时，由人民法院判决。父或母探望子女，不利于子女身心健康的，由人民法院依法中止探望的权利；中止的事由消失后，应当恢复探望的权利。

【案例分析】
离婚应否受理，共同债务如何认定？

案情：王彬与李兰于1999年5月1日举行婚礼并同居。同年8月，李兰继承了父亲的遗房一间。10月，王彬与李兰办理了结婚登记，领取了结婚证书。2001年2月，李兰生下一子。

期间，王彬向朋友借款 2000 元用于购买各种母婴用品，另瞒着妻子向朋友借款 3000 元帮胞弟购房。同年 10 月，王李感情不和，闹离婚。王彬认为李兰继承其父的遗房应属夫妻共同财产，自己所欠的 5000 元债务也是在婚姻关系存续期间发生，应视为夫妻共同债务。李兰不同意，王彬遂向法院提起离婚诉讼。据查实，双方对财产未作任何约定。请问：王彬提出离婚诉讼，法院应否受理？王彬对案中财产及债务的认识是否正确？

分析：①法院应不予受理。《婚姻法》规定，女方在怀孕期间和分娩后 1 年内，男方不得提出离婚。王彬提起离婚诉讼时，其妻分娩才 8 个月。据案情，也不属于人民法院认为确有必要受理男方离婚请求的例外情况，故应不予受理。②不正确。婚姻关系应从履行结婚登记，领取结婚证书时起。王彬与李兰婚姻关系成立时间为 1999 年 10 月，李兰于 1999 年 8 月继承其父遗房一间，不属于婚姻关系存续期间所得的财产，双方对婚前及婚姻关系存续期间的财产又未作任何约定，不应视为夫妻共同财产，应视为婚前个人财产。王彬所欠 5000 元债务应分开处理。其中 2000 元用于购买母婴用品，为夫妻共同债务；另 3000元用于帮胞弟购房，与夫妻共同生活无关，且李兰不知情，应视为个人债务。

父母是否具有支付子女大学教育费用的义务？

案情：原告女大学生白某父母于 1991 年经法院调解离婚，白某由其母亲自行抚养。2002 年 9 月，原告因无法交清学费要求其父亲给付教育费 9000 元，其父白某某向原告所在学校出具了一份信函，载明：因家中有特殊原因暂时无法交纳学费，请校长原谅，不过请校长放心，务必在年底以前将学费如数交付贵校。后因白某某反悔未交纳该 9000 元学费，白某将其父诉至法院，要求法院判令其父白某某支付其教育费 9000 元。法院该如何判决？

分析：首先，应当明确的是本案纠纷并非是抚养费纠纷，白某某并不负有支付其女上大学期间教育费用的法定义务，如无白某某愿意负担其女教育费用的承诺，该案应驳回原告诉讼请求，但因有证据证明被告白某某同意为其女儿支付大学期间的学费9000元。故而，本案案由应定为合同纠纷。其次，从合同法的角度看，原告与被告均具有完全民事行为能力，双方就白某上大学期间学费问题已经达成一致意见，因该约定并不违背国家法律规定和公序良俗，且从伦理道理的角度来说，有经济能力的父母为其子女支付上大学的费用是应当提倡和鼓励的，故该合同成立并有效。因此，法院应判令被告白某某给付原告教育费9000元。

【相关法条及解释】

1.《婚姻法》第19条　夫妻对婚姻关系存续期间所得的财产约定归各自所有的，夫或妻一方对外所负的债务，第三人知道该约定的，以夫或妻一方所有的财产清偿。

2.《婚姻法》第21条　父母对子女有抚养教育的义务；子女对父母有赡养扶助的义务。父母不履行抚养义务时，未成年的或不能独立生活的子女，有要求父母付抚养费的权利。

3.《婚姻法司法解释（一）》第20条　婚姻法第21条规定的"不能独立生活的子女"，是指尚在校接受高中及其以下学历教育，或者丧失或未完全丧失劳动能力等非因主观原因而无法维持正常生活的成年子女。

4.《婚姻法》第34条　女方在怀孕期间、分娩后1年内或中止妊娠后6个月内，男方不得提出离婚。女方提出离婚的，或人民法院认为确有必要受理男方离婚请求的，不在此限。

5.《婚姻法》第41条　离婚时，原为夫妻共同生活所负的债务，应当共同偿还。共同财产不足清偿的，或财产归各自所有的，由双方协议清偿；协议不成时，由人民法院判决。

【思考题】
1. 如何区分夫妻共同财产与个人财产？
2. 何种情况下可以提出离婚损害赔偿？

第八章

收　养

【内容提要】收养制度是亲属制度的组成部分，养父母与养子女之间的权利义务关系、养子女与养父母的亲属之间的权利义务关系也是家庭关系的组成部分。本章介绍我国收养制度，包括收养的含义和基本理论、我国收养法的基本原则、收养关系的确立及效力、收养关系的解除和终止。

第一节　收养制度概述

一、收养的概念和特征

（一）收养的概念

收养是指自然人依法领养他人子女，与被领养人形成法律拟制血亲父母子女关系的法律行为。收养行为产生的法律关系叫收养法律关系，在收养法律关系中，领养他人子女的人是收养人，被领养的人是被收养人，将子女或儿童送与他人收养的父母、其他监护人或社会福利机构是送养人。由于收养人和被收养人之间形成了法律拟制父母子女关系，故收养人也就是养父母，而被收养的人则是养子女。收养制度是亲属制度的组成部分，收养的成立是亲属关系发生的途径之一。国家保护合法的收养关系。

（二）收养的特征

1. 收养是受法律保护的一种法律行为。收养关系应当按照法律规定的程序确立，即订立收养协议，并到被收养人所在地的民政主管部门登记。收养关系一经确立，养子女和生父母、养父母之间的权利义务关系依法发生变化，其中涉及的权利要受法律保护，其中涉及的义务可由国家强制力强制履行。依法成立的收养关系解除或者终止的，应当依照法定条件和程序进行，收养关系依法解除或者终止后，养子女和生父母、养父母之间的权利义务关系再次依法发生变化。

2. 收养产生法律拟制血亲关系。一方面，收养关系成立后，收养人和被收养人之间产生了与婚生父母子女相同的权利义务关系，被收养人与生父母之间的权利义务关系因收养关系成立而消除。另一方面，为避免权利义务重叠，原来就有直系血亲关系的人之间不得建立收养关系。至于旁系血亲，由于我国有数千年的过继传统，现代收养法将传统的过继关系纳入收养法的调整范围，视之为收养关系，故直系血亲关系不得变为法律拟制血亲关系，旁系血亲关系可以变为法律拟制血亲关系。

二、我国收养法的基本原则

《收养法》第 2 条规定："收养应当有利于被收养的未成年人的抚养、成长，保障被收养人和收养人的合法权益，遵循平等自愿的原则，并不得违背社会公德。"第 3 条规定："收养不得违背计划生育的法律、法规。"据此，我国收养法坚持以下五项基本原则：

（一）收养应有利于被收养的未成年人的抚养、成长

收养法保护合法的收养关系，目的是使被收养的未成年人被正常抚养，并得以健康成长。

　　在收养关系成立方面，法律规定被收养人只能是不满 14 周岁、丧失父母的孤儿、查找不到生父母的弃婴和儿童或者生父母有特殊困难无力抚养的子女，而收养人应当是无子女、有抚养教育被收养人的能力、未患有在医学上认为不应当收养子女的疾病、年满 30 周岁的人。这样规定收养条件，目的就是使未成年人的健康成长发生困难时，通过收养使他们得到养父母的抚养，从而得以健康成长。

　　在收养的效力方面，我国《收养法》第 23 条规定："自收养关系成立之日起，养父母与养子女间的权利义务关系，适用法律关于父母子女关系的规定；养子女与养父母的近亲属间的权利义务关系，适用法律关于子女与父母的近亲属关系的规定。"这样规定的目的是要让被收养的未成年人获得与亲子同等的地位和权利。

　　在收养关系解除方面，收养人在被收养人成年以前，不得解除收养关系。收养人不履行抚养义务，有虐待、遗弃等侵害未成年养子女合法权益行为的，送养人有权要求解除养父母与养子女间的收养关系。这些规定所追求的目的是确保未成年的收养人得到正常抚养，从而使其健康成长。

　　（二）保障被收养人和收养人合法权益的原则

　　收养涉及收养人和被收养人双方的利益，保障被收养人和收养人合法权益的原则体现在我国收养法中，如被收养人一般应为不满 14 周岁的处于特殊生活状态下的未成年人；收养人一般需年满 30 周岁，无子女，并且具备抚养教育被收养人的能力；生父母送养子女，须双方共同送养；收养人、送养人要求保守收养秘密的，其他人应当尊重其意愿，不得泄露。

　　（三）平等自愿原则

　　收养是民事法律行为，收养应遵循民法的平等原则和自愿原则。按照我国收养法的规定，收养人、送养人、年满 10 周岁的未成年被收养人在确立、解除收养关系时，法律地位平等，按照自愿协商原则确立或者解除收养关系，任何一方都不得以欺诈、胁迫的手段或者乘人之危，在违背对方真实意思的情况下确立或者解除收养关系。

（四）不违背社会公德

尊重社会公德，不损害社会公共利益是人们从事民事活动的基本原则，确立和解除收养关系，也要尊重社会公共道德。按照我国《收养法》规定，无配偶的男性收养女性的，收养人与被收养人的年龄应当相差 40 周岁以上，作此规定，目的是预防不伦性行为。我国《收养法》严禁买卖儿童或者借收养名义买卖儿童，也是为了维护人非商品的现代基本公共道德。

（五）不得违背计划生育的法律、法规

我国对生育实行计划控制，使人口增长同经济和社会发展相适应，计划生育既是基本国策，也是我国婚姻法的基本原则，故收养不得违背计划生育的法律、法规。遵守计划生育法律、法规的要求集中体现在收养关系的成立条件方面，按照我国《收养法》规定，中国公民收养人应当是年满 30 周岁且无子女的人，收养人只能收养一名子女（收养孤儿、残疾儿童或者社会福利机构抚养的查找不到生父母的弃婴和儿童的除外），送养人不得以送养子女为由违反计划生育法律、法规再生育子女。这些规定是计划生育法律、法规的自然要求。

第二节　收养关系的成立

按照我国收养法的规定，应当在具备法定条件的前提下，按照法定程序设立合法的收养关系，故收养关系的成立，需要具备实质要件，也要具备形式要件。

一、收养关系成立的实质要件

（一）被收养人的条件

按照我国《收养法》第 4 条的规定，被收养人应当符合下列条件：①应当是不满 14 周岁的未成年人；②应当是丧失父母的孤儿，或者是查找不到生父母的弃婴和儿童，或者是生父母有特殊困难无力抚养的子女。

我国《收养法》对被收养人规定的条件，一方面是对年龄的限制，另一方面要求被收养人抚养教育条件缺失。限制年龄的目的是使未成年的被收养人与养父母建立深厚的感情，稳定收养关系；规定被抚养人抚养教育条件缺失，目的就是让那些缺乏必要抚养教育条件的孩子通过收养，得到养父母良好的抚养教育，从而得以健康成长。

（二）收养人应具备的条件

我国收养法对有配偶的人和无配偶的人规定了不同的收养条件。

1. 有配偶的收养人应具备的条件。有配偶的收养人应具备如下条件：①夫妻双方必须共同收养。夫妻一方不同意收养，或者未作同意收养的意思表示的，另一方不得单独收养子女。②夫妻无子女。为坚持一对夫妻一般只能生育一个子女的计划生育法律，同时也为了避免养子女、生子女在同一家庭产生不利于养子女的矛盾，我国收养法要求无子女的夫妻才能收养子女。③夫妻均年满 30 周岁。④有抚养教育被收养人的能力。⑤收养之前，未与其他晚辈保留收养关系。我国收养法要求收养人通常只能收养一个子女，若收养人之前已经收养子女，在原收养关系解除或者终止之前，不得再收养子女。

2. 无配偶的收养人应具备的条件。无配偶的收养人应具备如下条件：①无子女，有抚养教育被收养人的能力，且收养之前，未与其他晚辈保留收养关系；②无配偶的男性收养女性的，收养人与被收养人的年龄应当相差 40 周岁以上。

（三）送养人应当具备的条件

按照我国收养法规定，下列人员可以作为送养人：

1. 有抚养义务的人同意送养之孤儿的监护人。按照我国《民法通则》和《收养法》的有关规定，有两类人可以成为孤儿的监护人，一类是孤儿的祖父母、外祖父母、成年兄或者姐，另一类是孤儿生父母的其他亲属、朋友。当孤儿的祖父母、外祖父母、成年兄或者姐为孤儿监护人时，这些人与孤儿有法定的权利义务关系，监护人送养孤儿时，应征得孤儿祖父母、外祖父母、成年兄或者姐的同意。当孤儿生父母的其他亲属、朋友为孤儿监护人时，按照我国收养法规定，此时，抚养人和被抚养人之间的关系不适用收养关系，孤儿生父母的其他亲属、朋友也不是收养法所称的对孤儿有抚养义务的人。因此，孤儿的监护人送养孤儿时，只需要征得孤儿的祖父母、外祖父母、成年兄或者姐的同意。

2. 社会福利机构。按照我国《未成年人保护法》第 43 条的规定，县级以上人民政府及其民政部门应当根据需要设立救助场所，对流浪乞讨等生活无着未成年人实施救助，承担临时监护责任，并及时通知其父母或者其他监护人领回。对孤儿、无法查明其父母或者其他监护人的未成年人，以及其他生活无着的未成年人，由民政部门设立的儿童福利机构收留抚养。收养人愿意收养社会福利机构收容抚养的未成年人的，由该社会福利机构作为送养人。

3. 有特殊困难无力抚养子女的生父母。父母对子女有抚养教育的义务，这种义务是不能放弃的，但父母有特殊困难无力抚养子女的情况下，固守父母对子女的义务，则不利于子女的健康成长，故我国收养法允许有特殊困难无力抚养子女的父母送养子女，送养子女的父母应当向负责登记的民政部门举证证明有特殊困难无力抚养子女的事实。

父母送养子女应遵守如下限制性规定：

（1）生父母有配偶并具备完全民事行为能力的，须夫妻协商一致，共同送养。但是生父母一方失踪或者不具备完全民事行为能力的，另一方可以单方送养子女。

（2）未成年人的父母均不具备完全民事行为能力的，该未成年人的监护人不得将其送养，但父母对该未成年人有严重危害可能的除外。

（3）生父母无力抚养的子女，可以由生父母的亲属、朋友抚养，但这种抚养只是单纯的抚养关系，不需要履行收养手续，也不属于收养关系。

（4）配偶一方死亡，另一方送养未成年子女的，死亡一方的父母有优先抚养的权利。

（5）送养人不得以送养子女为理由违反计划生育的规定再生育子女。一对夫妇如果按照计划生育法律规定只能生育一胎，一旦将生子女送养，则不得再生育，故生父母送养子女应当慎重考虑送养的后果。

（四）收养三代以内同辈旁系血亲的子女的条件

我国《收养法》第7条规定："收养三代以内同辈旁系血亲的子女，可以不受本法第4条第3项、第5条第3项、第9条和被收养人不满14周岁的限制。""华侨收养三代以内同辈旁系血亲的子女，还可以不受收养人无子女的限制。"故收养人收养三代以内同辈旁系血亲的子女的，不需要具备生父母有特殊困难无力抚养子女、无配偶的男性收养女性年龄应当相差40周岁以上、被收养人不满14周岁等条件。

在我国奴隶制、封建制时代，一个家庭中，如果家长无子，可以立同宗辈分相当的男性成员为嗣子，由嗣子继承对宗庙和祧庙的主祭权，家庭无嗣子，被视为有违礼制的事情，这种传统在社会上影响深远。我国收养法不认可宗法制度下的立嗣制度，但对立嗣者与嗣子之间的共同生活和扶养关系，作为收养关系对待。

（五）收养孤儿、残疾儿童或者社会福利机构抚养的查找不到生父母的弃婴和儿童的条件

我国《收养法》第8条第2款规定："收养孤儿、残疾儿童或者社会福利机构抚养的查找不到生父母的弃婴和儿童，可以不受收养人无子女和收养一名的限制。"收养孤儿、残疾儿童或者社会福利机构抚养的查找不到生父母的弃婴和儿童的行为属于援助弱者，分担社会困难的积极人道主义行为，对这种行为，我国收养法允许有子女者、已经收养子女者实施，但需要具备收养人的其他条件。

（六）收养继子女的条件

我国《收养法》第14条规定："继父或者继母经继子女的生父母同意，可以收养继子女，并可以不受本法第4条第3项、第5条第3项、第6条和被收养人不满14周岁以及收养一名的限制。"

形成了抚养教育关系的继父母和继子女之间的权利义务，适用婚姻法对父母子女关系的有关规定，但在现实生活中，继子女与形成了抚养教育关系的继父（母）、生父母存在双重权利义务关系，情感纠葛和经济压力导致继子女与继父母不履行义务的纠纷时有发生。继父或者继母经继子女的生父母同意，收养继子女，则继子女的身份就变为了养子女，其与生父（母）的权利义务关系因收养关系成立而消除，双重权利义务关系也因此消除，可以促进家庭关系的和睦和稳定。另外，对抚养教育子女而言，与继子女共同生活的继父母对继子女付出的努力和牺牲，是支付抚养费而不直接抚养教育子女的生父（母）无

法比拟的，养育子女的艰辛也是无法用金钱来衡量的，所以，我国收养法鼓励继父母收养继子女，收养时不受"生父母有特殊困难无力抚养"、"无子女"、"有抚养教育被收养人的能力"、"未患有在医学上认为不应当收养子女的疾病"、"年满 30 周岁"、"被收养人不满 14 周岁"、"只能收养一名子女"等条件的限制。

继父（母）收养继子女的，不改变继子女与直接抚养教育自己的生父（母）之间的权利义务关系。

二、收养关系成立的形式要件

一般情况下，收养人和送养人自愿达成收养协议后，双方到被收养人户籍所在地的县级以上人民政府民政部门申请收养登记，并提交收养申请书、收养协议书、双方居民身份证、双方户籍证明和双方基层组织证明。民政部门经审查，符合收养条件的，发给准予收养的证书，收养关系自登记之日起成立。收养年满 10 周岁以上未成年人的，应当征得被收养人的同意。

收养查找不到生父母的弃婴和儿童的，办理登记的民政部门应当在登记前予以公告，公告期满，仍然查找不到生父母的，才能办理无收养协议书的收养登记。

收养关系当事人愿意订立书面收养协议的，可以订立收养协议。收养关系当事人各方或者一方要求办理收养公证的，应当办理收养公证。收养关系成立后，公安部门应当依照国家有关规定为被收养人办理户口登记。

收养人、送养人要求保守收养秘密的，其他人应当尊重其意愿，不得泄露。

《收养法》生效以前，当事人之间以父母子女关系相待，长期共同生活，实际履行父母子女间的权利义务，亲友、群众或有关单位也认可，但是未办理收养登记的事实收养关系，收养法认可其具有收养的效力。1992 年 4 月 1 日《收养法》生效以后，未经过登记的收养，不具有收养的效力。

三、收养的效力

自收养关系成立之日起，养父母与养子女间的权利义务关系，适用法律关于父母子女关系的规定；养子女与养父母的近亲属间的权利义务关系，适用法律关于子女与父母的近亲属关系的规定。养子女与生父母及其他亲属间的权利义务关系，因收养关系的成立而消除，但仍应受《婚姻法》关于直系血亲和三代以内旁系血亲禁止结婚的限制。

养子女可以随养父或者养母的姓，经当事人协商一致，也可以保留原姓。

第三节　收养关系的解除

一、解除收养的法定情形

我国《收养法》规定，收养人在被收养人成年以前，不得解除收养关系。但由于收养关系是一种拟制的亲子关系，可能因各种原因导致收养关系的恶化和事实上的解体，因此当收养关系无法继续维持时，并不利于被收养人的抚养和成长，也不利于收养人的生活安宁，应当允许依法解除。依据《收养法》的规定，下列情形可以解除收养：

（一）收养人和送养人协议解除收养

《收养法》第 26 条第 1 款规定："收养人在被收养人成年以前，不得解除收养关系，但收养人、送养人双方协议解除的除外，养子女年满 10 周岁以上的，应当征得本人同意。"当收养人和送养人双方自愿协议解除收养关系，并且年满 10 周岁以上的未成年子女也同意解除的，收养关系才能解除。

（二）送养人基于收养人的过错行为要求解除收养

《收养法》第 26 条第 2 款规定："收养人不履行抚养义务，有虐待、遗弃等侵害未成年养子女合法权益行为的，送养人有权要求解除养父母与养子女间的收养关系。送养人、收养人不能达成解除收养关系协议的，可以向人民法院起诉。"为维护合法收养关系的稳定，送养人不得随意解除收养，但送养人发现收养人有虐待、遗弃未成年子女的行为时，可以单方提出解除收养关系的要求。

（三）养父母和成年养子女协议解除收养

《收养法》第 27 条规定："养父母与成年养子女之间关系恶化、无法共同生活的，可以协议解除收养关系。不能达成协议的，可以向人民法院起诉。"成年养子女具有完全民事行为能力，由于某种原因导致与养父母关系恶化，无法再继续共同生活时，为了各自生活的安宁，可以由双方协议解除收养关系。不能达成协议的，双方都可以向人民法院提起解除收养关系的诉讼。

二、解除收养的法定程序

（一）登记解除

当事人协议解除收养关系的，应当到民政部门办理解除收养关系的登记。

1. 申请。收养关系当事人持居民户口簿、居民身份证、收养登记证和解除收养关系的书面协议，共同到被收养人常住户口所在地的收养登记机关申请办理解除收养关系登记。

2. 审查。收养登记机关收到解除收养关系登记申请书及有关材料后，应当自次日起 30 日内进行审查。

3. 登记。对符合收养法规定的，为当事人办理解除收养关系的登记，收回收养登记证，发给解除收养关系证明。

（二）诉讼解除

1. 起诉。收养关系当事人不能就解除收养关系事宜达成协议的，可以向人民法院起诉。提起诉讼的当事人可以是收养人，也可以是送养人，还可以是成年的被送养人。

2. 受理。人民法院对符合法律规定的解除收养关系起诉条件的案件决定立案审理。

3. 调解。人民法院审理解除收养关系的案件，应当做好调解工作。当事人达成解除收养关系协议的，制作调解书。收养关系自签收之日起合法解除。

4. 判决。经调解不能达成解除收养协议的，作出准予或不准解除收养关系的判决。收养关系自判决书生效之日起依法解除。

三、解除收养的法律后果

收养关系解除后，养子女与养父母及其他近亲属间的权利义务关系即行消除，与生父母及其他近亲属间的权利义务关系自行恢复，但成年养子女与生父母及其他近亲属间的权利义务关系是否恢复，可以协商确定。[1]

收养关系解除后，经养父母抚养的成年养子女，对缺乏劳动能力又缺乏生活来源的养父母，应当给付生活费。生活费的数额，应视养父母的实际需要和成年养子女的负担能力而定，一般不低于当地居民生活费用标准。因养子女成年后虐待、遗弃养父母而解除收养关系的，养父母可以要求养子女补偿收养期间支出的生活费和教育费。[2]

生父母要求解除收养关系的，养父母可以要求生父母适当

---

〔1〕　参见《收养法》第 29 条。

〔2〕　参见《收养法》第 30 条第 1 款。

补偿收养期间支出的生活费和教育费，但因养父母虐待、遗弃养子女而解除收养关系的除外[1]。

【案例分析】

收养人解除收养，送养人可以要求违约金吗?

案情: 李敏丧偶，有一个6岁的儿子李刚，因李敏要外出打工，无力抚养李刚，2010年3月，李敏与张林达成协议，由张林收养李敏6岁的儿子李刚，李敏为此而向张林一次性支付被收养人生活费3万元。协议中还约定，任何一方违反约定，应当承担违约金20万元。该收养协议成立以后，在当地民政部门办理了登记手续。两年后小孩上学，在校期间比较顽皮，经常与同学打架，并将一同班同学眼睛打伤，张林为此向受害人支付了医药费等赔偿金共计5余万元。张林遂以该孩子顽皮为由提出解除收养协议。李敏拒不接受，后因考虑孩子已无法与张林共同生活，故李敏又同意解除收养协议，但要求张林退还3万元费用，并承担违约金20万元。张林提出，自己已经为小孩殴打他人支付了5万元赔偿金，不能再向李敏返还财产，对20万的违约金，张林表示无力支付。

请解答如下问题:

1. 李敏支付给张林3万元的被扶养人生活费，该如何认定?

2. 双方约定20万元违约金的行为，是否合法?

3. 双方解除收养合同，是否合法?

分析: 收养行为是一种依法变更亲子关系，变更父母子女间的权利和义务的特殊民事行为，涉及人的身份和亲权，故收养不适用合同法，只适用收养法和婚姻法的相关规定。收养关系一旦成立，养父母对养子女就产生了无条件的抚养教育义务，

---

[1] 参见《收养法》第30条第2款。

成年后的养子女对养父母有无条件的赡养扶助义务，故收养人不能因为收养向送养人收取任何费用。同样，送养人不能因为送养向收养人收取任何费用，我国收养法严禁买卖儿童或者借收养名义买卖儿童。本案中，送养人李敏自愿送给收养人张林小孩的生活费3万元，只能认定为单方面的赠与行为，作为赠与行为是有效的，李敏不得在赠与行为成立后要求返还3万元。另外，收养关系不适用合同法，我国收养法、婚姻法中没有任何违约金的规定，双方关于"任何一方违反约定，应当承担违约金20万元"的约定是无效的，解除收养关系时，李敏要求张林支付20万元违约金的请求是不成立的。关于解除方面，在被收养人成年之前，收养人一般不能解除收养关系，但收养人、送养人双方协议解除的除外，养子女年满10周岁以上的，应当征得本人同意。

【相关法条及解释】

1. **《合同法》第2条第2款**　婚姻、收养、监护等有关身份关系的协议，适用其他法律的规定。

2. **《收养法》第20条**　严禁买卖儿童或者借收养名义买卖儿童。

3. **《收养法》第26条**　收养人在被收养人成年以前，不得解除收养关系，但收养人、送养人双方协议解除的除外，养子女年满10周岁以上的，应当征得本人同意。

【思考题】

1. 收养关系成立之后，养子女和自己的兄弟姐妹、祖父母、外祖父母的权利义务关系是否还适用我国婚姻法的相关规定？为什么？

2. 收养为什么需要登记？

第九章

继承概述

【内容提要】 继承是一项将死者生前的财产和其他合法权益转归有权取得该项财产的人所有的法律制度。继承人依照法律规定承受被继承人遗产的权利，称为继承权。继承从被继承人死亡时开始。因此，法律规定的继承权只是继承人享有的一种期待权，只有被继承人死亡这一法律事实出现以后，继承权才成为既得权，开始遗产继承。

第一节　继承法概述

继承法律制度是同特定的社会制度相联系的，是在社会出现私有制、分裂为阶级以后随同国家的产生而产生的。列宁说："遗产制度以私有制为前提。"[1] 早在母系社会，氏族中的财产，如土地、住房、家畜和其他生产资料，都属于公有，个人财产只限于少量生活用品和随身携带的武器。氏族首领死后，财产中的日用品随葬，其余财物由同族人共有。这时的继承只是一种社会习惯，还未形成法律制度。进入阶级社会以后，法律首先确认身份继承，而后确认独立的财产继承，继承法也由

---

〔1〕　参见《列宁选集》（第1卷），人民出版社1995年版，第20页。

此而产生。

一、继承法的概念和特征

中国历代律例虽有继承方面的规定，但作为独立的继承法，则是光绪三十三年（1907年）开始起草的，于宣统三年（1911年）完成，列为《大清民律（草案）》的第五编，仍以宗祧继承为主。中华民国时期国民党政府因袭德、法、日民法典的体例，把继承法列在亲属编之后，从法律上废弃了宗祧继承，采取财产继承制。我国1982年《宪法》规定："国家依照法律规定保护公民的私有财产的继承权。"中国的社会主义继承制不仅彻底废除了延续几千年的宗祧继承、立嗣承宗的制度，而且有利于妥善处理社会主义家庭中的财产关系，贯彻男女平等原则，保护无劳动能力和无生活来源的家庭成员的合法权益，以实现抚育子女、赡养老人的家庭职能。

（一）继承法的概念

继承是公民死亡后发生的转移财产所有权的一种民事法律制度。继承法则是调整因自然人的死亡而发生的财产继承关系，确定遗产权利归属的法律规范的总和。继承法又称为财产继承法，是民法的重要组成部分。1985年4月10日，第六届全国人大三次会议通过的《继承法》是调整财产继承关系的主要法律依据。

（二）继承法的特征

1. 继承法是与身份密切相关的财产法。继承法以被继承人生前合法个人财产的转移和归属为调整对象，主要解决财产的流转问题，故属于财产法。但是，继承主要发生在特定亲属之间，具有一定范围内的亲属关系是享有继承权的前提。所以，继承法又具有身份法的性质，是与亲属身份密切联系的财产法。

2. 继承法是以强行规范为主的私法。继承法调整的是因自然人死亡而发生的财产转移关系，属于私法范畴。但是，由于继承对经济、伦理、婚姻家庭等具有的重要影响，法律多以强行规范予以调整，较之其他民法规范，任意性色彩较弱。

二、继承法的调整对象

继承法的调整对象是在转移死者遗产，确定遗产权利主体归属的过程中形成的特定的社会关系，即将死者的遗产交由生者承受的特殊民事关系，简称继承关系。

与民法所调整的其他社会关系相比，继承关系具有以下特点：

1. 继承关系围绕财产所有权关系展开。继承主要解决的是财产转移问题，以自然人死亡前的财产所有权为前提，以继承人继承遗产后形成的新的财产所有权为结果。随着新的财产所有权关系的产生，继承关系随之消灭。

2. 继承关系与身份关系相联系。继承关系主要发生在因婚姻、血缘而具有特定身份关系的亲属之间，继承权与身份相依而存。我国继承法规定的法定继承人只能是被继承人的配偶、父母、子女、兄弟姐妹、祖父母、外祖父母等。可见，继承权是基于某种亲属身份而取得的。

3. 继承关系的发生以特定的法律事实为依据。被继承人死亡是引发继承关系的基本法律事实。被继承人死亡，是继承权由期待权转化为既得权的直接根据。在遗嘱继承中，除被继承人死亡外，还必须有合法有效的遗嘱，否则不产生继承关系。

4. 继承关系发生在自然人之间。继承是对被继承人的遗产的取得，无论是法定继承还是遗嘱继承，继承人均是与被继承人有一定亲属关系的自然人。而通过遗赠、遗赠扶养协议、无人继承遗产的处理方式，国家、法人和其他社会组织也可以成为遗产的承受主体，但这已不属于继承关系。

三、继承法的基本原则

法律原则的精神渗透在一切法律的具体规则当中，起着不可或缺的作用，我国的继承法也不例外。继承法的基本原则是指财产继承所必须遵循的并带有普遍适用性的基本法律准则。这些原则既是我国继承法立法的指导思想和灵魂，同时也是继承法适用的依据。

（一）保护公民私有财产继承权原则

我国宪法规定，法律保护公民的私有财产继承权，这是我国继承法的立法依据，也同时决定了我国继承法的立法宗旨和首要任务就是保护自然人的私有财产继承权。继承法一方面规定了继承权的主体、客体、内容、变动等事项，起到确权的作用；另一方面规定了继承权受到侵害时的法律保护措施，起到护权的作用，充分体现了保护公民私有财产继承权的原则。

（二）继承权男女平等原则

我国《宪法》第48条规定：“中华人民共和国妇女在政治的、经济的、文化的、社会的和家庭的生活等各方面享有同男子平等的权利。”自然人无论男女都是平等的民事主体，《继承法》第9条明确规定，“继承权男女平等”，这是宪法中男女平等原则在继承法中的体现。男女享有平等的继承权，不因性别不同而有所区别，在继承顺序和继承份额上不得有性别的限制。

（三）权利义务相一致原则

我国《宪法》第33条第3款规定：“任何公民享有宪法和法律规定的权利，同时必须履行宪法和法律规定的义务。”体现在继承法上，该原则是指将继承人对被继承人生前所尽义务的情况与继承人是否享有继承权以及如何行使继承权相结合，使继承人的继承权与其承担的义务相一致。遗赠扶养协议正是按照权利义务相一致的原则创设的继承法律制度。

（四）养老育幼原则

养老育幼是人类文明的体现，是中华民族的传统美德，也是家庭的一项重要职能。它既是一项道德的要求，也是我国继承法确立的一项基本原则，是从财产继承方面来保护老幼病残，以构建和谐家庭、和谐社会。继承法中的"特留份"制度，对缺乏劳动能力又没有生活来源的继承人的照顾是这一原则的体现。

（五）限定继承原则

限定继承指继承人仅在其所得遗产的财产权利范围内承担偿还被继承人生前所欠债务的责任，对超出遗产中财产权利的债务有权拒绝偿还。

我们社会主义的继承制度从根本上否定了"父债子还"、"夫债妻还"的封建主义陋习。我国《继承法》第33条规定："继承遗产应当清偿被继承人依法应当缴纳的税款和债务，缴纳税款和清偿债务以他的遗产实际价值为限。……继承人放弃继承的，对被继承人依法应当缴纳的税款和债务可以不负清偿责任。"

（六）互谅互让、协商处理遗产的原则

继承制度服务于家庭关系，互谅互让、和睦团结一直是家庭关系的指导原则。我国《继承法》第15条对此作了规定："继承人应当本着互谅互让、和睦团结的精神，协商处理继承问题。"这一原则要求被继承人在遗产处理的过程中能相互体谅、谦让，在平等协商的基础上公平合理地分割遗产，实现物尽其用与家庭和睦的目标。

第二节　继承法律关系概述

一、继承法律关系的概念和特征

（一）继承法律关系的概念

继承法律关系就是财产继承法律关系，是指由继承法律规范所调整的与继承有关的社会关系，即由于财产所有人死亡或宣告死亡这一法律事实的出现，而在继承人、受遗赠人、继承参与人以及其他公民或组织之间所发生的权利义务关系。继承法律规范是继承法律关系产生、变更和消灭的依据，被继承人的死亡是继承法律关系产生的原因。

（二）继承法律关系的特征

财产继承法律关系属于民事法律关系的范畴，但它不同于一般的民事法律关系，主要区别是：①产生的原因不同。前者只能因被继承人死亡的法律事实而产生，后者可以而且主要因当事人的法律行为而产生。②主体资格不同。前者只限于被继承人的继承人，而后者可以是具有民事权利能力的任何公民、法人。③内容不同。前者主体间的权利义务不是等价有偿的，而后者一般是在等价有偿原则上建立的，当事人的权利义务平等有偿。

财产继承法律关系在性质上虽属民事法律关系，但有其自己明显的特征，主要表现为：

1. 继承法律关系是一种特殊的民事法律关系。继承法律关系不适用民法上的等价有偿原则，不要求继承人承受遗产以承担某种义务为前提，比如受遗赠人不需要承担任何义务，就可以根据遗嘱取得被继承人的遗产。

2. 继承法律关系是因被继承人死亡而发生的民事法律关系。

只有当被继承人死亡并留有遗产时，才发生继承法律关系。

3. 继承法律关系的要素具有特定性。继承法律关系的主体为一定范围内的亲属，客体仅限于被继承人所遗留的个人合法财产，权利义务也由法律规定，不具有契约合意性。

二、继承法律关系的要素

继承法律关系同其他法律关系一样是由三个要素组成，即主体、内容和客体。

（一）继承法律关系的主体

继承法律关系的主体，是指在继承法律关系中，享有权利和承担义务的人，分为继承法律关系的权利主体和继承法律关系的义务主体。

继承法律关系的权利主体包括继承人、受遗赠人、继承参与人以及其他公民或组织，国家在接受遗赠的条件下，也能成为继承法律关系的权利主体。

继承法律关系的义务主体具有广泛性，包括继承人和受遗赠人在内的任何自然人以及各种社会组织。当被继承人留有未缴纳税款和未清偿债务时，继承人和受遗赠人负有在承受遗产范围内缴纳和清偿的义务；在遗嘱附有义务时，继承人和受遗赠人负有完成遗嘱要求的义务；其他自然人和各社会组织作为不作为义务的主体，负有不得侵犯他人继承权、受遗赠权、酌分遗产权的义务。

（二）继承法律关系的客体

继承法律关系的客体，是指继承法律关系主体的权利义务指向的对象，主要是遗产。此外，还可以包括应缴纳的税款和应清偿的债务以及应履行的某种行为。

遗产是公民死亡时遗留的个人合法财产和财产权利，是继承关系必不可少的要素，没有遗产，就没有继承法律关系。被继承人死亡时若留有债务和欠缴的税款，该债务和税款也是继承法律关系的客体。如果在遗嘱中附有某种义务性要求，该义务也就成了继承法律关系的客体。

（三）继承法律关系的内容

继承法律关系的内容，是指继承法律关系的主体享有的权利和承担的义务。

继承法律关系的权利内容主要包括：继承人享有的继承被继承人遗产的权利（继承权），受遗赠人享有的接受遗赠的权利（受遗赠权），酌分遗产请求权人享有的承受被继承人适当遗产的权利（酌分遗产权），以及国家、集体组织取得无人继承又无人受遗赠的遗产的权利。

继承法律关系的义务内容主要包括：继承人和受遗赠人具有在承受遗产范围内缴纳被继承人所欠税款和清偿被继承人未清偿债务的义务，履行被继承人在遗嘱中随附要求的义务；此外，任何组织和个人负有不得干涉、妨碍继承人、受遗赠人取得遗产权利的义务。

第三节 继承权

一、继承权的概念和特征

（一）继承权的概念

继承权是指继承人依法取得被继承人遗产的权利或资格。这包括两重含义：

1. 客观意义上的继承权，也称为继承期待权，它是指继承开始前，公民依照法律的规定而接受被继承人遗产的资格，即继承人所具有的继承遗产的权利能力。继承期待权依据法律的规定而产生，具有严格的人身属性，不具有直接的财产内容，不能转让和抛弃。

2. 主观意义上的继承权，也称为继承既得权，它是指继承开始后，继承人依照法律的规定或者依据遗嘱对被继承人留下的遗产已经拥有的事实上的财产权利，即已经属于继承人并给他带来实际财产利益的继承权。这种继承权同继承人的主观意志相联系，不仅可以接受、行使，而且还可以放弃，是具有现实性、财产性的继承权。

客观意义上的继承权是主观意义上的继承权的前提和基础，客观意义上的继承权转化为主观意义上的继承权取决于继承法律关系的产生。通常所说的继承权是指主观意义上的继承权，即继承既得权。

（二）继承权的特征

1. 继承权主要是自然人基于一定的身份关系享有的权利。继承权一般以一定的身份关系为前提，特定的亲属之间享有继承遗产的权利。能够依照法定继承和遗嘱继承的形式享有继承权而成为继承权主体的只能是自然人。

2. 继承权是依照法律的直接规定或者合法有效的遗嘱而享有的权利。继承开始后，继承权的取得不需要继承人的意思表示，继承人可以依据法律的规定或者合法有效的遗嘱直接享有继承权。

3. 继承权的标的是遗产。遗产是指公民死亡时遗留的个人合法财产。继承以财产利益为内容，不包括身份利益。例如，著作权中的财产权利属于遗产，但是署名权等身份权利是不能继承的。

4. 继承权是继承人于被继承人死亡时才可行使的权利。继承从被继承人死亡时开始。[1] 因此，法律规定的继承权只是继

---

〔1〕 参见《继承法》第2条。

承人享有的一种期待权，只有被继承人死亡这一法律事实出现以后，继承权才成为既得权，开始遗产继承。

二、继承权的主体、客体和内容

（一）继承权的主体

所谓继承权主体，也就是享有继承权、能行使继承权的主体。根据《继承法》的相关规定，继承权主体可以通过法律的直接规定明确，或者是合法有效的遗嘱指定，也可以通过被继承人与他人签订的遗赠扶养协议指定。具体为以下三类：

1. 法定继承人。即指被继承人的配偶、子女、父母、兄弟姐妹、祖父母、外祖父母。《继承法》第10条规定，"遗产按照下列顺序继承：第一顺序：配偶、子女、父母。第二顺序：兄弟姐妹、祖父母、外祖父母。继承开始后，由第一顺序继承人继承，第二顺序继承人不继承。没有第一顺序继承人继承的，由第二顺序继承人继承。"

2. 遗嘱指定的继承人。根据《继承法》第16条的规定，公民可以立遗嘱指定由法定继承人的一人或数人继承，也可以立遗嘱将个人财产赠给国家、集体或法定继承人以外的人继承。

3. 遗赠扶养协议指定的继承人。《继承法》第31条规定："公民可以与扶养人签订遗赠扶养协议。按照协议，扶养人承担该公民生养死葬的义务，享有受遗赠的权利。公民可以与集体所有制组织签订遗赠扶养协议。按照协议，集体所有制组织承担该公民生养死葬的义务，享有受遗赠的权利。"

此外，根据《继承法》第28条的规定："遗产分割时，应当保留胎儿的继承份额。胎儿出生时是死体的，保留的份额按照法定继承办理。"

在遗产继承纠纷中，首先要确定的便是继承权主体，也即哪些人具有遗产继承资格。而遗产继承资格的确定，在没有遗嘱的情况下，应依法定继承的方式来分割遗产。而依法定继承相关亲属关系的确定，则是依据《婚姻法》所规定的亲属关系间权利义务来明确是否具有继承资格。

（二）继承权的客体

继承权的客体，即继承的标的、继承权指向的对象，也就是遗产。所谓遗产，是指自然人死亡时遗留的个人合法财产。

作为一种特殊的财产，遗产只存在于由继承开始后到遗产处理结束前这段时间之内。自然人生存时所拥有的财产不是遗产，只有在他死亡之后，其民事主体资格丧失，遗留下来的财产才能成为遗产。遗产处理之后，已经转归承受人所有，也不再具有遗产的性质。

1. 遗产的特征。

（1）遗产具有财产属性。死者生前享有的民事权利包括财产权和人身权两方面，而可以被继承的只能是财产权利。社会主义继承制度彻底取消了身份继承，仅仅实行财产继承，而原属于被继承人的人身权利如姓名权、肖像权不能作为遗产。

（2）遗产具有可转移性。遗产是可以与人身分离而独立转移给他人所有的财产，如所有权、债权等。基于人身关系发生的财产权，如接受扶养、赡养、抚养的权利，不能作为遗产。此外，《农村土地承包法》规定，土地承包经营权[1]、林地承包经营权，在承包期内，其继承人可以继续承包。[2]

（3）遗产具有个人专属性。可以被继承的遗产只能是被继承人个人享有所有权的合法财产。它包括被继承人单独所有的财产，也包括被继承人与他人共有的财产中属于被继承人的份额。非归被继承人生前所有而仅仅是由其占有的财产，如租借

---

〔1〕 参见《农村土地承包法》第 50 条。
〔2〕 参见《农村土地承包法》第 31 条第 2 款。

的财产，共有财产中属于他人的份额，被继承人非法侵占的国家的、集体的或者其他自然人的财产，以及依照法律规定不能由个人所有的财产，都不能作为遗产。

（4）遗产基于自然人死亡的事实而确定。自然人的一切财产在其生前都不是遗产，即使是自然人活着的时候用遗嘱对其全部或部分财产作了预先处分，其被处分的全部或部分财产仍不属于遗产。只有当自然人死亡时，其所遗留的个人财产才转为遗产，其遗产的种类、数量、价值等才能最终确定下来。因此，当自然人活着的时候，其他任何人无权提出"继承"生存自然人的财产的要求。

2. 遗产的范围。我国《继承法》第 3 条规定了自然人的遗产，包括七个方面，概括起来有三大类：

（1）自然人享有所有权的财产。

第一，自然人的合法收入。例如，自然人的工资、奖金、存款的利息、从事合法经营的收入、接受赠与或继承所得的财产。

第二，自然人的房屋、储蓄、生活用品。自然人的房屋包括自然人所拥有的自住房、出租房、营业用房；自然人的储蓄，是其在金融机构的存款，作为遗产的储蓄既包括本金也包括利息；自然人的生活用品是指衣物、手表、首饰、家具、家用电器、自行车等交通工具、娱乐用品等。

第三，自然人的林木、牲畜和家禽。自然人的林木主要指自然人在住宅前后自种的林木和自留地、自留山上所种的林木。牲畜主要指自然人自己饲养的牛、马、骡、驴、羊等。家禽主要指自然人自家喂养的鸡、鸭、鹅等。

第四，自然人的文物、图书资料。自然人的文物一般指自然人自己收藏的书画、古玩、艺术品等。如果上述文物中有特别珍贵的文物，应按《文物保护法》的有关规定处理。自然人个人所有的图书资料，如果涉及国家机密的，应按国家有关保密的规定处理。

第五，法律允许自然人所有的生产资料。这一般是指自然人个人购买的汽车、拖拉机、机帆船、农用飞机、农机具、生产加工机具等大、中、小型各类生产工具，以及城乡个体经营者、华侨、港澳同胞、外国人在我国内地投资所拥有的各类生产资料。

（2）自然人的知识产权中的财产权。知识产权又称智力成果权，是基于在科学技术和文学艺术领域里从事智力创造活动所产生的民事权利，包括著作权、专利权、商标权、发明权和其他科技成果权等。知识产权具有双重性，即它既有人身权的内容，又有财产权的内容。知识产权中的人身权不可让渡，不能列入遗产范围。可以作为遗产的知识产权中的财产权有：

第一，自然人著作权中的财产权。即自然人对自己所创作的作品，依法享有的自行使用或许可他人使用并由此而获得报酬的权利，可以作为遗产依法继承。著作权中的人身权，如署名权、修改权和保护作品完整权，不能作为遗产，但可由其继承人行使保护权。自然人生前未发表的作品，如没有明确表示不发表，在其死后 50 年内，可由继承人行使发表权。

第二，自然人专利权中的财产权。即专利权人对其依法取得专利的发明创造成果在一定年限内享有的独占权或专用权。

第三，自然人在商标权中的财产权。商标权人对其依法注册的商标所享有的专用权，在商标的有效期内可以由继承人继承，但应当在商标注册人死亡之日起 1 年内办理变更注册手续，否则任何人可以向商标局申请注销该注册商标。[1]

第四，自然人的发现权、发明权和其他科技成果权中的财

---

〔1〕　参见《商标法实施条例》第 47 条第 1 款。

产权。依照我国法律规定，自然人对自己的科学发现、创造发明和其他科技成果，如合理化建议和技术改进，有权申请领取荣誉证书、奖金或者其他奖励。在获得的奖励中，荣誉证书、奖章和奖状与自然人的人身不可分离，不得转让与继承；而奖金和其他物质奖励属于财产权利，在获奖人死后，可以作为其遗产转移给继承人所有。

（3）包括部分他物权及债权在内的其他合法财产。

第一，自然人的他物权。他物权，我国《民法通则》称为与财产所有权有关的财产权。按照一般民法理论，他物权包括用益物权和担保物权。其中，属于用益物权的承包经营权和公共财产使用权依法不得转移，因而不能作为遗产；典权和属于担保物权的抵押权和留置权则属于遗产的范围。

第二，自然人的债权。依照我国继承法有关规定，履行标的为财物的债权属于遗产的范围。据此，不论是合同之债、侵权损害之债、不当得利之债还是无因管理之债，凡可以与人身分离的债权，都在遗产之列，都可以由其继承人依法继承。

第三，公民的其他合法财产还包括有价证券。有价证券是证券化的财产权，由被继承人享有的支票、本票、汇票、股票、国库券和其他债券，在被继承人死后都是他的遗产。

可以预见，随着经济体制改革的进一步深化，自然人拥有的个人财产将更丰富，作为自然人个人遗产的财产价值将更高，其表现形式也将更加多样化。

（三）继承权的内容

继承权的内容包含三个方面的具体权利：接受或放弃继承遗产的权利；取得遗产的权利；继承权受侵犯时的恢复请求权。

1.接受、放弃继承的权利。接受继承的权利，是指继承人有权就同意接受被继承人的遗产为意思表示。尽管在继承开始后，法定继承人或遗嘱继承人都有权继承遗产，但并不是必须参加继承，而是要以继承人是否表示接受继承作为确定其最终是否得到遗产的依据。表示接受继承的，便实际参加继承进而取得遗产。放弃继承的权利，是指继承人有权就不接受被继承人的遗产为意思表示。继承开始后，继承人对被继承人遗产的继承权就由客观意义上的权利变为主观意义上的权利，因而继承人便可能支配该项财产权利，既可以接受，亦可以放弃。

2. 取得遗产的权利。取得遗产的权利，是指继承开始后，继承人没有丧失继承权并表示接受继承，即有权直接参加遗产分割，依法律规定或按照合法有效的遗嘱取得被继承人遗产中应当由其继承的份额。

3. 继承权受侵害时的恢复请求权。继承权受侵害时的恢复请求权，是指当继承权受到不法侵害时，继承人有权直接向侵权人提出恢复继承权原状、返还遗产、赔偿损失或者请求人民法院给予法律保护，强制侵权人恢复继承权未被侵害的原状，返还被侵占的遗产或者赔偿继承人遭受的损失。继承恢复请求权，包括两个方面的内容：一是请求确认的合法继承资格；二是请求返还他应得的遗产。与此相适应，继承人在通过诉讼方式保护继承权时，亦可请求采用确认之诉和给付之诉。其中，确认之诉是前提，只在确认权利请求人确实享有继承权且是处于优先继承顺序，才能请求法律保护。给付之诉是使继承人的财产利益得到实现的最终手段，通过这一手段，继承人便可得到被他人非法占有的遗产，从而满足自己对遗产的合法要求。如果继承人是无民事行为能力人或者是限制民事行为能力人，则当其继承权受侵害时，由他的法定代理人代其行使。

三、继承权的取得和行使

（一）继承权的取得

自然人取得继承权主要有两种方式：法律直接规定和合法

有效的遗嘱的指定，前者称之为法定继承权的取得，后者称之为遗嘱继承权的取得。

1. 法定继承权的取得。继承法规定，自然人可以基于以下三种原因而取得继承权：

（1）因婚姻关系而取得。婚姻法、继承法均明确规定，配偶之间有互相继承遗产的权利，并且是第一顺序继承人。

（2）因血缘关系而取得。父母子女、兄弟姐妹间相互享有继承权正是基于血缘关系产生的。

（3）因抚养、赡养关系而取得。有抚养关系的继父母与继子女间以及有抚养关系的继兄弟姐妹之间有继承权；丧偶的儿媳对公婆，丧偶女婿对岳父母，尽了主要赡养义务的，作为第一顺序继承人。这是权利义务相一致原则的体现。

2. 遗嘱继承权的取得。自然人取得遗嘱继承权必须依据被继承人生前立下的合法有效遗嘱。被继承人只能在法定继承人的范围内选定遗嘱继承人或者对法定继承人的继承份额作出规定，而不能任意选定遗嘱继承人。

（二）继承权的行使

继承权的行使是基于继承行为能力的一种民事行为。继承行为能力是继承人可以自己的行为独立行使继承权的能力。具有完全民事行为能力的人具有继承行为能力，可以独立行使继承权。无民事行为能力人不具有继承行为能力，继承权由其法定代理人代为行使。限制民事行为能力人也无继承行为能力，继承权由其法定代理人代为行使，或者征得法定代理人同意后行使。

四、继承权的丧失

（一）继承权丧失的概念

继承权的丧失，又称为继承权的剥夺，是指依照法律的规定在发生法定事由时取消继承人继承被继承人遗产的资格。继承权是公民依照法律的直接规定或者被继承人所立的合法有效的遗嘱而享有的继承被继承人遗产的权利，非有法定的事由、非经法定的程序，任何人不得非法剥夺。只有在发生继承人对被继承人或者其他继承人犯有某种犯罪行为，或者其他严重违法或不道德行为的法定事由时，继承人的继承权才能被依法剥夺。

继承权的丧失可分为绝对丧失与相对丧失。①继承权的绝对丧失，又称继承权的终局丧失，是指因发生某种法定事由，继承人的继承权终局的丧失，该继承人绝对不得也不能享有继承权，继承权永无挽回的可能；②继承权的相对丧失，又称继承权的非终局丧失，是指因发生某种法定事由继承人的继承权丧失，但在具备一定条件，即得到被继承人的宽恕和谅解时，其继承权可以恢复。

（二）继承权丧失的事由

根据《继承法》第 7 条的规定，继承权丧失的法定事由有以下四个方面：

1. 故意杀害被继承人的。故意杀害被继承人的继承人不但应当受到刑罚处罚，而且应剥夺其继承权。其构成要件主观上的要求是故意，客观上必须有杀害行为，不予考虑是否既遂。

2. 为争夺遗产而杀害其他继承人的。只有继承人杀害的动机是争夺遗产，杀害的对象是其他继承人时，才能确定其丧失继承权。并不是出于争夺遗产的目的杀害其他继承人的，则不能剥夺其继承权。

3. 遗弃被继承人的，或者虐待被继承人情节严重的。遗弃被继承人是指有赡养能力、抚养能力的继承人，拒绝赡养或抚养没有独立生活能力或丧失劳动能力的被继承人的行为。虐待被继承人主要是指经常对被继承人进行肉体或精神上的折磨，如侮辱、打骂、冻饿等。依照相关司法解释的规定，继承人以后确有悔改表现而且被遗弃人、被虐待人又在生前表示宽恕的，可以不剥夺其继承权。

4. 伪造、篡改或者销毁遗嘱，情节严重的。"情节严重"是指伪造、篡改或销毁遗嘱的行为侵害了缺乏劳动能力又无生活来源的继承人的利益，并造成其生活困难的。

（三）继承权丧失的法律后果

1. 丧失继承权的，不能依据法定继承而继承遗产。对某一被继承人的遗产丧失继承权的，不影响其对其他被继承人遗产的继承权。

2. 丧失继承权的，遗嘱指定其为继承人的遗嘱无效，仅指定其为继承人之一的则该部分无效，将其他人指定为继承人的部分仍然有效。无效部分涉及的遗产按照法定继承处理。

3. 继承人丧失了继承权的，其晚辈直系血亲亦不得代位继承。但该代位继承人缺乏劳动能力又没有生活来源，或者对被继承人尽赡养义务较多的，可适当分给遗产。

第四节　继承的开始

一、继承开始的原因

继承从被继承人死亡时开始。根据《继承法》第 2 条的规定，继承人取得遗产的权利，"从被继承人死亡时开始"。这里所说的死亡，包括生理死亡和宣告死亡。前者是指公民因病、因意外事故或者被人杀害等原因而死亡；后者是指公民因战争、不可抵抗的自然灾害等原因下落不明，经利害关系人申请，人民法院依照民事诉讼法规定依法推定其死亡。

可见，自然死亡和宣告死亡的法律事实，是继承开始的原因。

二、继承开始的时间

被继承人生理死亡或宣告死亡的时间也就是继承开始的时间。

（一）生理死亡时间

被继承人生理死亡的时间应以医院出具的"死亡证明"为准；没有医院死亡证明的，可以公安机关注销死亡人户口登记所确定的日期为死亡的日期。

（二）宣告死亡的时间

失踪人被宣告死亡的，以人民法院判决中确定的失踪人的死亡日期（一般以人民法院发出寻找失踪人公告的期间届满之日确定为失踪人死亡日期），为继承开始的时间。

（三）推定死亡

相互有继承关系的几个人在同一事件中死亡，又不能确定死亡的先后时间的，为了确定继承顺序，需要进行死亡推定。一般推定没有继承人的人先死亡；如几个死亡人辈分不同的，推定长辈先死亡；如几个人辈分相同，则推定他们同时死亡，彼此不发生继承关系。

【案例分析】

兄弟为爱成仇，气死老父，遗产如何归属？

案情：张一与张二为亲兄弟，从小死了母亲，由张父一手拉扯大。两兄弟长大后，一起考入某大学。在一次同乡会中，二人认识了同乡的漂亮女孩王某。张二对王某一见钟情，狂追不已，但王某总是婉拒，张二非常痛苦。后来发现王某跟张一走到了一起，恩爱亲密。张二以为是张一横刀夺爱，怀恨在心。同时觉得自己长得高大帅气，没有张一，王某就会跟自己在一起。所以约出张一到荒山秘密杀害。张父得知张一的死讯，晕倒住院。不久张二的罪行暴露，被判死缓，张父气绝身亡。张父留有遗产 20 万，该由谁继承？

分析：张父的遗产 20 万应由张二继承。张二虽然杀害了张一，但不是出于争夺遗产的目的，而是仇杀，所以其继承权不丧失。

死亡赔偿金是否属于遗产？

案情：林某因为交通事故死亡，留有银行存款 5 万元，肇事司机赔偿林某死亡赔偿金 2 万元。林某无妻无子，无兄弟姐妹，随堂兄一起生活。林某所在村民小组与林某的堂兄就遗产纠纷诉至法院。此外，林某欠债 10 万元，其债权人主张以林某 5 万元的存款和 2 万元的死亡赔偿金抵债。法院该如何判决？

分析：无人继承又无人受遗赠的遗产，归国家所有；死者生前是集体所有制组织成员的，归所在集体所有制组织所有。林某没有法定继承人，也没有受遗赠人，其遗产属于无主财产，应归其所在村民小组所有。遗产分割前应先清偿债务，所以林某无遗产。死亡赔偿金是被继承人死亡后，由责任人赔偿给被继承人亲属的抚慰金，具有人身专属性，不属于遗产范围。对于以 2 万元死亡赔偿金抵债的要求不予支持。死亡赔偿金的分配应根据与死者关系的远近和共同生活的紧密程度、抚养关系及生活来源等因素合理分配。

【相关法条及解释】

1.《继承法》第 7 条　继承人有下列行为之一的，丧失继承权：

（一）故意杀害被继承人的；

（二）为争夺遗产而杀害其他继承人的；

（三）遗弃被继承人的，或者虐待被继承人情节严重的；

（四）伪造、篡改或者销毁遗嘱，情节严重的。

2.《继承法》第3条　遗产是公民死亡时遗留的个人合法财产，包括：

（一）公民的收入；

（二）公民的房屋、储蓄和生活用品；

（三）公民的林木、牲畜和家禽；

（四）公民的文物、图书资料；

（五）法律允许公民所有的生产资料；

（六）公民的著作权、专利权中的财产权利；

（七）公民的其他合法财产。

3.《继承法》第33条　继承遗产应当清偿被继承人依法应当缴纳的税款和债务，缴纳税款和清偿债务以他的遗产实际价值为限。超过遗产实际价值部分，继承人自愿偿还的不在此限。

【思考题】

1. 是否只有自然人才能享有继承权？

2. 怎样理解继承权是一种期待权？

第十章

法定继承

【内容提要】 法定继承是按照法律规定的继承范围、继承顺序以及遗产分配原则来继承被继承人遗产的一种主要方式。被继承人的子女先于被继承人死亡的，实行代位继承，继承人在遗产分割前死亡的，实行转继承。法定继承人以外的基于与被继承人形成的某种扶养关系的人享有遗产酌分请求权。法定继承只能是在没有遗嘱继承的时候才能发生法律效力。

第一节　法定继承概述

一、法定继承的概念和特征

（一）法定继承的概念

法定继承，是指按照法律规定的继承的范围、继承顺序以及遗产分配原则来继承被继承人遗产的一种继承方式。法定继承只能是在没有遗嘱继承的时候才能发生法律效力，因此又被称为无遗嘱继承。

法定继承规定了继承人的范围、各继承人应该按照什么样的顺序来继承，以及同一顺序的继承人应该按照什么样的原则来分配遗产等内容。

（二）法定继承的特征

我国法定继承的基本特征，具体表现在以下方面：

1. 法定继承中有关继承人的范围、继承顺序、继承份额以及遗产分配原则的规定具有强行性，必须按照法律的规定进行继承。

2. 法定继承中继承人与被继承人之间存在一定的身份关系。根据继承法的规定，继承人与被继承人之间存在血缘关系、婚姻关系或抚养关系是法定继承发生的依据。

3. 法定继承是对遗嘱继承的补充和限制。法定继承必须在没有遗嘱继承或遗嘱无效的前提下进行，而遗嘱继承人的范围又必须在法定继承人的范围之内。

（三）法定继承的适用范围

我国继承法确立了"遗嘱扶养协议优先"的原则："继承开始后，按照法定继承办理；有遗嘱的，按照遗嘱继承或者遗赠办理；有遗赠扶养协议的，按照协议办理"。但有下列情形之一的，遗产中的有关部分按照法定继承办理：①遗嘱未处分的或遗嘱无效部分涉及的遗产；②受遗赠人或遗嘱继承人先于被继承人死亡后所涉及的那部分遗产；③遗嘱继承人放弃继承或丧失继承权后所涉及的遗产；④受遗赠人放弃受遗赠后涉及的遗产。

二、法定继承人的范围和顺序

（一）法定继承人的范围

法定继承人的范围是指依法享有继承权，列入继承顺序的人的范围。我国《继承法》从实际情况出发，根据婚姻关系、血缘关系以及因此而形成的扶养关系，确定配偶、子女、父母、兄弟姐妹、祖父母、外祖父母等六种人作为法定继承人。

1. 配偶。我国《婚姻法》第24条第1款规定："夫妻有相互继承遗产的权利。"作为死者遗产继承人的配偶，指的是在被继承人死亡时，与被继承人有合法夫妻关系的人。如果在被继承人死亡时已经离婚，不能作为被继承人的配偶参与继承。

需要注意的是，生存配偶在继承遗产的时候，应该先取得夫妻共同财产中的自己的财产份额。夫妻共同财产关系在一方死亡时终止，因此在遗产继承前应该先分出生存配偶一方的共同财产份额，然后再进行遗产继承。

2. 子女。子女是最近的直系血亲，作为父母死亡后子女继承的主要依据也是血缘关系，但不是唯一依据。《婚姻法》第24条第2款规定："父母和子女有相互继承遗产的权利"。《继承法》第10条第3款规定："本法所说的子女，包括婚生子女、非婚生子女、养子女和有扶养关系的继子女。"

在遗产分割时，应当保留胎儿的继承份额，如果胎儿出生时是死体的，保留的份额按照法定继承办理。如果胎儿出生时是活体，但很快又死去的，胎儿的份额由胎儿的继承人按照法定继承办理。因此，胎儿能否取得遗产，关键是看出生时是否是活体。这种规定是对人的民事权利能力的一种延伸。

丧偶儿媳或丧偶女婿对公婆或岳父母，尽了主要赡养义务的，可以作为第一顺序的法定继承人。

3. 父母。父母是被继承人最近的直系尊亲属。父母包括生父母、养父母和有扶养关系的继父母。生父母有权继承其子女的遗产，养父母有权继承其养子女的遗产，继父母有权继承和其有扶养关系的继子女的遗产。

4. 兄弟姐妹。从血缘关系上说，兄弟姐妹是被继承人最近的旁系亲属。兄弟姐妹包括同父母、同母异父、同父异母的兄弟姐妹、养兄弟姐妹和有扶养关系的继兄弟姐妹。我国《婚姻法》第29条规定："有负担能力的兄、姐，对于父母已经死亡或父母无力抚养的未成年的弟、妹，有扶养的义务。"因此，兄弟姐妹之间互有继承权。需要注意的是，养兄弟姐妹之间，如果收养关系结束的话，则不再享有继承权。而继兄弟姐妹之间，只在存在扶养关系的时候才享有继承权，没有扶养关系则不享有继承权。

5. 祖父母和外祖父母。祖父母与孙子女、外祖父母与外孙子女，是仅次于父母子女之间的直系血亲。因此，我国《继承法》把祖父母与孙子女、外祖父母与外孙子女纳入法定继承人的范围。

此外，《继承法》第14条规定，对继承人以外的依靠被继承人扶养的缺乏劳动能力又没有生活来源的人，或者继承人以外的对被继承人扶养较多的人，可以分配给他们适当的遗产。这样规定符合社会主义道德的要求，有利于公民之间的团结互助和促进社会主义精神文明建设。

（二）法定继承的顺序

法定继承顺序是指法律规定的各法定继承人继承遗产的先后次序，只有在没有前一顺序继承人或者前一顺序继承人放弃或丧失继承权的情况下，才由后一顺序的继承人继承。

我国《继承法》将继承顺序规定为：

第一顺序：配偶、子女、父母。丧偶儿媳对公、婆，丧偶女婿对岳父、岳母，尽了主要赡养义务的，作为第一顺序继承人。

第二顺序：兄弟姐妹、祖父母、外祖父母。

第二节　代位继承

一、代位继承的概念和特征

（一）代位继承的概念

代位继承是指在法定继承中被继承人的子女先于被继承人

死亡或宣告死亡的，由被继承人子女的晚辈直系血亲代替继承其应继承份额的法律制度。在代位继承中，先于被继承人死亡的子女，称为被代位人；被代位人的晚辈直系血亲，称为代位继承人。代位继承也称为间接继承。

（二）代位继承的特征

1. 被代位继承人只限于被继承人的先死子女。其他被继承人的继承人若先于被继承人死亡时，不发生代位继承。只有在被继承人的子女先于被继承人死亡时，才发生代位继承。这里的子女包括被继承人的亲生子女、养子女和有扶养关系的继子女。

2. 代位继承人只限于被代位继承人的晚辈直系血亲。只有被代位人的子女、孙子女、外孙子女等，才可以成为代位人，并不受辈分限制。被继承人的养子女、已形成抚养关系的继子女的亲生子女可以代位继承；被继承人的亲生子女的养子女可以代位继承；被继承人养子女的养子女可以代位继承；与被继承人已形成抚养关系的继子女的养子女可以代位继承。但被代位人的其他近亲属不得代位继承。被代位人的配偶若具备成为第一顺序法定继承人条件的，不影响其晚辈直系血亲的代位继承权。

3. 代位继承人作为第一顺序继承人参加继承。代位继承人作为第一顺序的继承人参加继承，但其并不是直接继承自己应继承的遗产份额，而是代位继承被代位人应继承的遗产份额，正因为如此，代位继承又称为间接继承。

4. 先于被继承人死亡的子女丧失继承权的，其晚辈直系血亲不得代位继承。如该代位继承人是缺乏劳动能力又没有生活来源的人，或者是对被继承人尽赡养义务较多的，可适当分给遗产。因此，只有在被代位人不存在丧失继承权的法定事由时，才能发生代位继承。

5. 代位继承只适用于法定继承，不适用于遗嘱继承。只有在法定继承中才能发生代位继承，在遗嘱继承中不发生代位继承。如果遗嘱继承人为被继承人的子女并且先于遗嘱人死亡，则该遗嘱继承人的晚辈直系血亲不能代位继承该遗嘱继承人依遗嘱应继承的遗产；但遗嘱中指定该继承人继承的遗产应按法定继承处理，在法定继承中，该继承人的晚辈直系血亲可代位继承。[1]

二、代位继承的条件

适用代位继承必须符合以下条件：

1. 被代位人必须先于被继承人死亡。这既是代位继承成立的首要条件和唯一原因，也是其与转继承的重要区别之一。

2. 先死亡的被代位人必须是被继承人的子女，其他继承人如被继承人的配偶、父母、兄弟姐妹、祖父母、外祖父母等先于被继承人死亡，则不发生代位继承。

3. 代位继承人必须是被代位人的晚辈直系血亲。各国法律均规定，代位继承只能是被代位继承人的直系卑亲属，被代位人的旁系血亲或直系长辈血亲均无权代位继承。《继承法》第11条规定："被继承人的子女先于被继承人死亡的，由被继承人的子女的晚辈直系血亲代位继承。"被继承人的孙子女、外孙子女、曾孙子女、曾外孙子女都可以代位继承，代位继承人不受辈分限制。[2]

4. 被代位人生前必须享有继承权，如被代位继承人基于法

〔1〕 魏振瀛主编：《民法》（第4版），高等教育出版社2010年版，第590~591页。

〔2〕 参见最高人民法院《关于贯彻执行〈中华人民共和国继承法〉若干问题的意见》（以下简称《继承法意见》）第25条。

定事由丧失继承权，则连带引起代位继承权的消灭。最高人民法院在《继承法意见》第 28 条指出："继承人丧失继承权的，其晚辈直系血亲不得代位继承。"

代位继承人无论人数多少，原则上只能继承被代位继承人有权继承的份额。如果代位人既无劳动能力又无生活来源的，可以适当多分。

第三节　转继承

一、转继承的概念和特征

（一）转继承的概念

转继承是指继承人在继承开始后实际接受遗产前死亡，其所应继承的遗产份额转由他的合法继承人继承的一种制度。在转继承法律关系中，最初留有遗产的人为被继承人；尚未取得遗产之前死亡的继承人为被转继承人；有权承受被转继承人遗产份额的人为转继承人。

《继承法意见》第 52 条规定："继承开始后，继承人没有表示放弃继承，并于遗产分割前死亡的，其继承遗产的权利转移给他的合法继承人。"第 53 条规定："继承开始后，受赠人表示接受遗赠，并于遗产分割前死亡的，其接受遗赠的权利移转给他的继承人。"转继承适用于法定继承、遗嘱继承和遗赠。

（二）转继承的特征

1. 在被继承人死亡之后，遗产分割之前，继承人也相继死亡，才发生转继承。

2. 继承人在前述的时间内死亡而未实际取得遗产，而不是放弃继承权。

3. 由继承人的法定继承人直接分割被继承人的遗产。

4. 转继承人只能继承被转继承人应得的遗产份额。

5. 转继承人可以是被继承人的直系血亲，也可以是被继承人的其他合法继承人。

二、转继承与代位继承的区别

转继承和代位继承都是因继承人死亡无法行使继承权而发生的，都是由继承人的继承人承受被继承人的财产的特殊继承方式，但二者之间存在明显的区别。

（一）性质和效力不同

转继承是在继承开始，继承人直接继承后，又转由转继承人继承被继承人的遗产，实质上是就被继承人的遗产连续发生的两次继承。转继承人享有的实际上是分割被继承人遗产的权利，而不是继承被继承人遗产的遗产继承权，转继承人行使的只是对被转继承人的遗产继承权（被转继承人取得遗产份额构成其遗产），而不是对被继承人的遗产继承权。而代位继承是代位人基于代位继承权直接参加遗产继承，代位继承人享有的是对被继承人遗产的代位继承权。代位继承人参加继承所行使的是对被继承人遗产的继承权，而不是对被代位人的遗产继承权。

（二）发生的时间和成立条件不同

转继承发生在继承开始后、遗产分割前，并且可因任何一继承人的死亡而发生，任何一个继承人都可成为被转继承人。而代位继承只能是因被继承人的子女先于被继承人死亡而发生，只有被继承人的子女才能成为被代位继承人。

（三）主体范围不同

转继承人是被转继承人死亡时生存的所有法定继承人，被转继承人可以是被继承人的任一继承人。被转继承人有第一顺序法定继承人的，由第一顺序法定继承人转继承；没有第一顺序法定继承人的，则可由第二顺序法定继承人转继承。而代位

继承中的代位继承人仅限于被继承人的晚辈直系血亲，被代位人只能是先于被继承人死亡的子女，被代位人的其他法定继承人不能代位继承。

（四）适用范围不同

转继承可以发生在法定继承中，也可以发生在遗嘱继承中。例如，遗嘱中指定的遗嘱继承人于继承开始后未表示放弃继承权，但在未实际接受遗产前死亡，此时该遗嘱继承人依照遗嘱应得到的遗产由其法定继承人继承，这也就发生转继承。不仅在遗嘱继承中会发生转继承，并且在遗赠中也会发生受遗赠人于继承开始后在法定时间内明确表示接受遗赠但在未实际接受遗赠财产时死亡，该受遗赠人的法定继承人有权继承该受遗赠人应受领的遗赠财产。而代位继承只是用于法定继承，在遗嘱继承中不适用。[1]

第四节　法定继承中的遗产分配原则

法定继承的遗产分配原则是指在法定继承中确定同一顺序的法定继承人应分得的遗产份额的基本准则。《继承法》第13条对法定继承的遗产分配原则做了详细的规定，具体有四个原则：

一、同等条件下均等分配的原则

根据法定继承中遗产分配的一般原则：同一顺序的法定继承人在继承遗产时，一般情况下，应当按继承人的人数均等分配遗产数额。

所谓"一般情况"是指同一顺序的各个法定继承人，彼此

---

〔1〕　魏振瀛主编：《民法》（第4版），高等教育出版社2010年版。

在生活状况、劳动能力以及对被继承人所尽抚养、扶养或赡养义务等方面，情况基本相同，条件大致相近。所谓"均等分配遗产"是指同一顺序的各个法定继承人所取得的被继承人遗产数额比例相同，没有明显差别，并且是按照同一顺序的继承人的总数来均分遗产，一般是一人一份。

二、特殊情况予以照顾的原则

特殊情况是指相对于一般情况来说，继承人如果有特殊的生活困难，或者没有劳动能力又没有生活来源的，在遗产分割时应当予以照顾，适当的多分。

生活有特殊困难是指继承人因为没有独立的经济收入或其他生活来源，难以维持其起码的物质生活条件。缺乏劳动能力是指继承人因尚未成年不具备劳动能力或因年迈、疾病等原因而部分丧失或全部丧失劳动能力。对于具备上述条件的继承人，在分配遗产时，必须给予照顾，其实际取得的遗产份额应当比其他继承人多一些。

三、考虑对被继承人所尽义务大小的原则

根据《继承法》第13条的规定，对被继承人尽了主要扶养义务或者与被继承人共同生活的继承人，分配遗产时，可以多分。这是继承法"权利义务相一致"原则的体现。

尽了主要扶养义务主要是指对被继承人的生活提供了主要经济来源，或在劳务方面给予了主要扶助。与被继承人共同生活的继承人，一般而言，他们对继承人所尽的扶养义务要比那些不与被继承人生活在一起的继承人要多一些，所以法律规定可以多分遗产。但是，如果继承人和被继承人生活在一起而不照顾被继承人、不尽扶养义务的，不仅不能多分，而且还要少分。需要指出的是，这里是可以多分，而不是应当多分，不具

有强制性。

有扶养能力和扶养条件的继承人，不尽扶养义务的，分配遗产时，应当不分或者少分。这里包含两个条件：首先，被继承人经济上或生活上有困难，需要继承人扶助；其次，继承人有条件和能力，却不扶养被继承人。两者需要同时具备。如果被继承人不要扶助，或者继承人没有能力和条件尽扶养义务，都不适用该规定。

四、继承人协商一致的原则

经继承人之间协商同意的，也可以不均等分配。在同一顺序的各个法定继承人的条件大致相当的情况下，继承人之间既可均等分配，也可以协商，在达成一致同意的基础上，对被继承人的遗产进行不均等分配。这是继承人自主自愿地行使其继承权的结果，法律对此不加以干预。

第五节　遗产酌分请求权

一、遗产酌分请求权的概念和特征

（一）遗产酌分请求权的概念

遗产酌分请求权，又称酌给遗产权、可分得遗产的请求权、酌情分得遗产权、适当分得遗产权，是指法定继承人以外的自然人，由于与被继承人生前形成过某种扶养关系，在遗产分割时，依法可以请求分得适当遗产的权利。《继承法》第14条规定："对继承人以外的依靠被继承人扶养的缺乏劳动能力又没有生活来源的人，或者继承人以外的对被继承人扶养较多的人，可以分配给他们适当的遗产。"

（二）遗产酌分请求权的特征

1. 遗产酌分请求权人必须是法定继承人以外的自然人。如果是法定继承人则可以按照法定继承的相关规定继承遗产。而酌分请求权的义务主体是全体继承人，酌分请求权人是向全体继承人提出分得遗产的请求。

2. 遗产酌分请求权人必须是与被继承人有某种扶养关系。扶养关系包括两种：一种是依靠被继承人扶养的缺乏劳动能力的人，这种人因为本身缺乏劳动能力，主要是依靠被继承人的扶养而生活，而被继承人死亡后，如果不适当分给他们一定的财产，那么他们的生活必将陷入困境。另一种是继承人以外的对被继承人扶养较多的人，他们对被继承人尽了较多的扶养义务，根据权利义务一致原则，也应当分给他们适当的财产，这样有利于公民团结互助，符合社会主义基本道德要求。

3. 遗产酌分请求权人分得的遗产份额没有明确规定，具体的份额在实践中进行确定，可以少于法定继承的份额，也可以等于或者多于法定继承的份额，这要看酌分请求权人的实际生活情况或者对被继承人的扶养义务的多少来确定。

二、遗产酌分请求权的种类

根据遗产酌分请求权人与被继承人之间的扶养关系的不同，可以将遗产酌分请求权分为被扶养人的酌分权和扶养人的酌分权。

（一）被扶养人的遗产酌分请求权

被扶养人的酌分请求权，是指继承人以外的依靠被继承人扶养的缺乏劳动能力又没有生活来源的人所享有的酌分权。这种酌分请求权必须具备以下条件：

1. 被扶养人必须是被继承人生前持续扶养的人。酌分请求权人必须是依靠被继承人的扶养生存的，并且这种扶养的状态是连续的，直到被继承人死亡时还持续存在的。由于被扶养人是依靠被继承人的扶养来生活的，因此被继承人的死亡必然会影响到他的生存，所以应该分给他适当的遗产份额以维持生活。

2. 被扶养人必须是缺乏劳动能力又没有生活来源的人。缺乏劳动能力包括因年幼、年老、疾病、残疾等导致的缺乏劳动能力。没有生活来源包括本人没有收入或者收入很低、现有财产无法维持生计、没有扶养义务人或者扶养义务人无力承担扶养义务。[1] 只有在具备这两种情形时，才可以行使遗产酌分请求权。此外，判断是否具有这两种情形的时间标准是在遗产分割时，如果在遗产分割时已经恢复了劳动能力或者取得了生活来源的，原则上不得再请求分配遗产。

（二）扶养人的遗产酌分请求权

扶养人的遗产酌分请求权是指继承人以外的对于被继承人扶养较多的人在遗产分割时享有的请求分得遗产的请求权。这种酌分请求权需要具备以下条件：

1. 必须是对被继承人生前尽了较多的扶养义务的人。较多的扶养义务是指相对于继承人的扶养义务来说，扶养人尽心尽力、持续性的对被继承人尽了比继承人较多的扶养义务。扶养义务包括经济上的资助、劳务帮助、生活上的照料和精神上的慰藉等，方式是多样的。对被继承人扶养较多的人适当分得遗产符合社会的公平观念以及法律的正义原则，这样有利于提倡助人为乐的社会公德，对这些乐于助人的人应当给予一定的物质保障。

2. 扶养人未受相当的遗赠。即扶养人未受遗赠，或者所受的遗赠数额与对被继承人所尽的义务不相当，这样才可以行使遗产酌分请求权。

---

〔1〕 蓝承烈：《继承法新论》，黑龙江人民出版社1993年版。

扶养人所分得的遗产份额，法律没有明确规定，这要在具体的实践中加以确定。一般来说，扶养人所分得的遗产应当与其对被继承人所尽的扶养义务是相当的，这样才符合社会的公平原则。

三、遗产酌分请求权的放弃与保护

遗产酌分请求权是法定继承人以外的人基于与被继承人的某种扶养关系而享有的一种权利，就其本质来说属于债权。因为权利人只有权要求分得遗产，而无义务偿还债务。既然是权利，自然是可以放弃的，是否实际行使遗产酌分请求权，完全取决于权利人的意志。

可分得遗产的人的遗产酌分请求权受法律保护，在其受到侵害时，有权请求人民法院依诉讼程序给予保护。即可以分给适当遗产的人，在其依法取得被继承人遗产的权利受到侵害时，本人有权以独立的诉讼主体的资格向人民法院提起诉讼。但在遗产分割时，明知而未提出请求的，一般不予受理，不知而未提出请求的，在两年以内起诉的，应予受理。

【案例分析】
兄死弟亡，血亲全无，遗产归谁？

案情：王一自幼残疾，靠补鞋为生，单身，与其弟王二夫妇毗邻而居。1982年王二夫妇生养一子王三，王三1995年与李一结婚，但二人结婚后无子女，王三于1998年死于一场斗殴。王三死后，李一未再嫁，一直跟王二夫妇一起生活，照顾着王二夫妇。2009年10月20日，王一死于心肌梗塞，其弟王二悲痛欲绝，恍惚中被货车撞死。王一留有积蓄10万元及一张欠赵某2万元的欠条。请问：王一的财产应如何处理？

分析：①王一的遗产为10万元积蓄偿还完2万元债务后的

剩余部分，即8万元。②王一无配偶，无父母子女，只有弟王二一人，其遗产全部由王二继承。根据夫妻共同财产制，王二继承所得财产为夫妻共同财产，即王二夫妇各4万元。③王二还未取得遗产就去世，其应该继承的遗产份额实行转继承。其遗产继承人为妻子和儿媳（丧偶儿媳对公婆尽了主要赡养义务，作为第一顺序继承人），4万元遗产，妻子儿媳各2万元。

综上，王一死后，其积蓄偿还了债务以后所剩8万元的遗产，由王二妻子继承6万元，王二儿媳李一继承2万元。

百万遗产，如何继承？

案情：张顺成1970年与王大玲结婚，婚后育有一子一女。儿子张建国与刘芳结婚，育有一子，叫张涛。女儿张菊芬与陈大力结婚，育有一女，名陈小桃。张建国于2000年因车祸去世，妻子刘芳改嫁，张涛也随母亲与继父一起生活。张顺成的弟弟张顺功因小儿麻痹，没有劳动能力，一直与张顺成生活在一起。张顺成于2012年6月不幸因肝癌去世，留下一家价值100万元的超市和50万的现金存款。其妻王大玲因不堪承受丈夫去世的事实，于2012年7月自杀。请问，张顺成的遗产该如何继承？

分析：①张顺成的第一顺位继承人有其妻王大玲，儿子张建国因先于张顺成去世，因此由张建国的儿子张涛代位继承张顺成的遗产，虽然张涛随母同继父生活，但仍享有对亲生父亲的继承权。张顺成的女儿张菊芬也是第一顺位继承人。因此，本案中作为法定继承人的有三位，即王大玲、张涛、张菊芬。②张顺成的遗产范围，由于张顺成与王大玲是夫妻，因此超市和现金都是属于夫妻共同财产，由夫妻平分。那么属于张顺成的遗产范围就应该是超市的一半以及25万元的现金。③由于王大玲在遗产分配前去世，那么属于王大玲继承的张顺成的遗产份额，由王大玲的继承人继承。属于王大玲自己的财产自然由王大玲的继承人继承。④张顺成的弟弟张顺功因缺乏劳动能力且一直靠张顺成的扶养生活，因此张顺功有权要求分得一定的遗产。

因此，对于张顺成价值50万元的超市和25万元的现金，由王大玲、张涛、张菊芬和张顺功协商分配，一般是按照平均分配的原则。对于王大玲的遗产由张涛和张菊芬按照均分的原则继承。

【相关法条及解释】

1. 《继承法》第9条　继承权男女平等。

2. 《继承法》第10条　遗产按照下列顺序继承：

第一顺序：配偶、子女、父母。

第二顺序：兄弟姐妹、祖父母、外祖父母。

继承开始后，由第一顺序继承人继承，第二顺序继承人不继承。没有第一顺序继承人继承的，由第二顺序继承人继承。

本法所说的子女，包括婚生子女、非婚生子女、养子女和有扶养关系的继子女。

本法所说的父母，包括生父母、养父母和有扶养关系的继父母。

本法所说的兄弟姐妹，包括同父母的兄弟姐妹、同父异母或者同母异父的兄弟姐妹、养兄弟姐妹、有扶养关系的继兄弟姐妹。

3. 《继承法》第11条　被继承人的子女先于被继承人死亡的，由被继承人的子女的晚辈直系血亲代位继承。代位继承人一般只能继承他的父亲或者母亲有权继承的遗产份额。

4. 《继承法》第12条　丧偶儿媳对公、婆，丧偶女婿对岳父、岳母，尽了主要赡养义务的，作为第一顺序继承人。

5. **《继承法》第13条** 同一顺序继承人继承遗产的份额，一般应当均等。

对生活有特殊困难的缺乏劳动能力的继承人，分配遗产时，应当予以照顾。

对被继承人尽了主要扶养义务或者与被继承人共同生活的继承人，分配遗产时，可以多分。

有扶养能力和有扶养条件的继承人，不尽扶养义务的，分配遗产时，应当不分或者少分。

继承人协商同意的，也可以不均等。

6. **《继承法》第14条** 对继承人以外的依靠被继承人扶养的缺乏劳动能力又没有生活来源的人，或者继承人以外的对被继承人扶养较多的人，可以分给他们适当的遗产。

7. **《继承法意见》第21条** 继子女继承了继父母遗产的，不影响其继承生父母的遗产。继父母继承了继子女遗产的，不影响其继承生子女的遗产。

8. **《继承法意见》第31条** 依继承法第14条规定可以分给适当遗产的人，分给他们遗产时，按具体情况可多于或少于继承人。

【思考题】

1. 对尽了主要赡养义务的丧偶儿媳和丧偶女婿的继承权该如何保护？

2. 代位继承中哪些人可以成为代位继承人？

第十一章

遗嘱继承

【内容提要】遗嘱继承是我国继承法的一项重要内容。遗嘱继承是相对于法定继承而言的，指由被继承人生前所立的遗嘱来指定继承人及其继承的遗产种类、数额的继承方式。在遗嘱合法有效条件下，遗产由谁继承、继承哪项遗产及继承多少由遗嘱人依其意志立下的遗嘱来确定。本章从遗嘱继承的概念和法律特征、遗嘱继承人、遗嘱的形式与有效条件、遗嘱的变更与撤销等几方面对我国继承法及相关法律关于遗嘱继承的内容进行了阐释。

第一节　遗嘱继承概述

一、遗嘱继承的概念

遗嘱继承是相对于法定继承而言的，指由被继承人生前所立的遗嘱来指定继承人及其继承的遗产种类、数额的继承方式。因而，遗嘱继承又叫"指定继承"。立遗嘱的被继承人叫遗嘱人，接受遗嘱指定继承的人叫遗嘱继承人。

遗嘱继承与法定继承不同。法定继承是指关于继承人的范围、继承顺序和遗产的分配原则等由法律直接规定。遗嘱继承

是指关于遗产由谁继承、继承哪项遗产及继承多少由被继承人
依自己的意志立下的遗嘱来确定。在两种继承方式中，前者是
从反映继承关系的一般条件来规定的，这种方式适用于被继承
人未留有合法遗嘱的情况；而后者则是为了便于被继承人按自
己意志处分遗产以适应继承关系具体情况来规定的。被继承人
立有合法遗嘱时，则不适用法定继承方式。

遗嘱继承是国家赋予公民对其死后就如何处分属于他自己
所有的财产的权利。这种规定既能体现国家对公民个人财产所
有权的充分保护，又能使立遗嘱人根据家庭成员的具体条件确
定他认为是最合理的遗产分配方案。立遗嘱人比别人更了解自
己的家庭，更能使遗产分配方案接近合理。首先，归公民个人
所有的财产是他的劳动所得，他不仅关心在其生存时如何处分
其财产，而且同样关心在其死后对遗留财产如何处分。因为这
都是属于个人所有权的权限范围之内的问题。遗嘱继承制度为
公民充分行使其个人所有权以实现其最终愿望提供了一种法律
上的有效保证。其次，被继承人对各个家庭成员的具体经济状
况、家庭成员间相互扶助、赡养和抚育的程度及彼此感情关系
的亲疏是最为了解的。因而，他一般能够根据上述情况合理地
用遗嘱处分自己的遗产，以利于家庭经济职能的实现。当然，
如被继承人违背了我国《继承法》第 19 条的规定，没有为缺乏
劳动能力又没有生活来源的法定继承人保留必要的遗产份额，
则该遗嘱无效。

二、遗嘱继承人

遗嘱继承人是按照合法有效的遗嘱直接承受遗产的人，是
遗嘱人在遗嘱中所指定的继承人，故又称作指定继承人。遗嘱
人立遗嘱时必须指明遗嘱继承人，这是遗嘱的一项重要内容。
关于遗嘱继承人的范围和特点应当作如下理解：

（一）遗嘱继承人只能是法定继承人范围内的一人或数人

我国《继承法》第16条第2款中明确指出："公民可以立遗嘱将个人财产指定由法定继承人的一人或者数人继承。"国家、集体或法定继承人之外的人不能作为遗嘱继承人，只能作为受遗赠人。[1]

我国继承法之所以规定遗嘱继承人必须是法定继承人中的一人或数人，把遗嘱继承人的范围限定在法定继承人的范围内，其根本原因在于：我国的遗嘱继承制度和法定继承制度的最终目的一样都是为了实现家庭经济职能，养老育幼，巩固互爱互助、和睦团结的新型社会主义家庭关系。法定继承人作为被继承人的家庭成员，与被继承人共同生活、共同创造家庭财产，互爱互助、养老育幼，彼此间无论在感情交流方面，还是在经济联系方面都是较为密切的。法律中规定遗嘱人生前可以用遗嘱指定其法定继承人中的一人或数人继承其死后的遗产，这是实现家庭经济职能、巩固家庭关系的客观需要。同时，也对社会主义婚姻家庭关系的发展产生积极意义。

我国继承法之所以又允许遗嘱人在法律规定的限度内指定法定继承人之中的一人或数人而不是全部法定继承人为遗嘱继承人，取消其他法定继承人对自己遗产的继承份额，原因在于：遗嘱人对家庭成员的不同经济状况和现实生活需要以及家庭成员间的相互感情联系程度一般都有较为正确的了解；公民生前对个人合法财产有合法处分权。所以，继承法尊重遗嘱人生前处分自己死后财产的意志，只要这种处分没有违背法律的有关规定，为缺乏劳动能力又没有生活来源的继承人保留了必要的遗产份额，该处分就是合法有效的，应予确认。

我国继承法不仅允许遗嘱人在遗嘱中写明其法定继承人中

---

［1］　参见《继承法》第16条第3款。

的一人或数人作为遗嘱继承人，而且也允许遗嘱人在遗嘱中写明排除某一个或某几个法定继承人作为遗嘱继承人。如果遗嘱人有数个法定继承人，而遗嘱人在其遗嘱中仅指定某一个法定继承人作为遗嘱继承人继承其全部遗产，则应认为其他法定继承人的继承份额当然被遗嘱人所取消。如果遗嘱人在遗嘱中仅指定某一个法定继承人作为遗嘱继承人继承其部分遗产，则应认为其他法定继承人仍享有对遗嘱人其他遗产的继承权。

（二）遗嘱继承人继承遗产时不受法定继承顺序的限制

在法定继承中，存在遗产继承的先后顺序问题。在遗嘱继承中，则不存在遗嘱继承人继承遗产的先后顺序问题。凡被遗嘱人在遗嘱中指定为遗嘱继承人的，不论原来的法定继承顺序列于先后，均享有同时、直接地接受遗产的权利。这是由于遗嘱继承制度赋予遗嘱人的一项权利就是可以在法律允许的范围内改变法定继承人的原来可能继承自己遗产时的法律地位，指定法定继承人中的一人或数人作为遗嘱继承人，取消法定继承人中一人或数人的继承份额，撤销原先法定继承人可能继承自己遗产的先后顺序，按照自己的意愿使遗嘱继承人同时、直接地继承自己的遗产。因此，遗嘱继承人继承遗产时，不再受原法定继承顺序的限制。

（三）遗嘱继承人接受遗产后仍有权按照法定继承顺序取得遗嘱未处分或遗嘱无效部分所涉及的遗产

遗嘱人死亡时所留下的遗产，是其生前所有的合法财产。遗嘱人生前对其财产的遗嘱处分有两种情况：一是全部处分，二是部分处分。遗嘱人死亡时，在部分处分的情况下，已被处分的遗产将按遗嘱继承方式转移给遗嘱继承人，而未被处分的部分则将仍按法定继承方式转移给法定继承人。即使在完全处分的情况下，也可能会因遗嘱内容与法律相抵触而使遗嘱全部或部分无效，其中遗嘱无效部分所涉及的遗产将按法定继承方式转移给法定继承人。这样就会出现如下情形，有时被继承人留下的遗产，一部分按遗嘱继承方式转移，另一部分按法定继承方式转移。由此而产生的一个问题是：已经按照遗嘱继承方式接受了部分遗产的遗嘱继承人，是否还可以作为法定继承人再继承遗嘱人没有用遗嘱处分的遗产或者遗嘱无效部分所涉及的遗产？对此，必须依具体情况分析。

首先，遗嘱人之所以要用遗嘱处分某部分遗产，表明他对这部分遗产在法律上的命运和日后的用途是最为关心的，希望能按自己的意愿将其转移给最需要它们的继承人。如遗嘱人将自己的专业书籍用遗嘱指定由真能够使用和需要使用它们的子女继承。因此，对未由遗嘱处分的部分遗产，包括已按遗嘱继承方式取得了部分遗产的继承人在内的所有法定继承人都有继承权。

其次，按法定继承制度，法定继承人是依照继承顺序的先后而继承遗产的。因此，对遗嘱未加处分的遗产或遗嘱无效部分所涉及的遗产，已按遗嘱继承方式取得部分遗产的继承人是否还能再继承，则要视其在法定继承顺序中的先后位置而定。如果是第一顺序继承人，当然可以继承；如果是第二顺序继承人，那么只有在没有第一顺序继承人或第一顺序继承人都丧失或者放弃继承时，他才能参加继承，否则不能参加继承。

最后，法定继承中分割遗产时必须优先照顾缺乏劳动能力又没有生活来源、生活特殊困难的法定继承人。因此，如果法定继承人中还有生活特殊困难又缺乏劳动能力的法定继承人，且又只依遗嘱取得很少遗产，则遗嘱未加处分的遗产或遗嘱无效部分所涉及的遗产应由他们来继承。已依遗嘱继承方式取得较多遗产并有劳动能力和生活来源的继承人就不应再取得上述遗产。

（四）遗嘱继承人的法律地位不能被替代

遗嘱继承人先于遗嘱人死亡的，其作为遗嘱继承人的法律地位在无遗嘱人另行补充指定的情况下不能由他的晚辈直系亲属替代。也就是说，遗嘱继承中不适用代位继承。当然，先死亡的遗嘱继承人应得的份额也不能由其他遗嘱继承人或法定继承人代替他继承。

遗嘱继承人的法律地位之所以不能被替代，是因为：其一，遗嘱继承人是由遗嘱人所特别指定的，因而其法律地位具有特定性，其他人无权替代。其二，遗嘱必须在遗嘱人死亡时才能发生法律效力，遗嘱继承人才能实际取得遗嘱继承权。遗嘱继承人先于遗嘱人死亡，本人还没有取得遗嘱继承权，他的晚辈直系亲属当然就谈不上代替他继承的问题。因此，遗嘱继承不适用代位继承。

遗嘱继承人之中的一人先于遗嘱人死亡时，其应得的继承份额是否添加到其余遗嘱继承人的继承份额之上，取决于遗嘱人是否又立遗嘱重新对这部分遗产份额作了添加到其余遗嘱继承人的继承份额之上的处分。如果遗嘱人立下新遗嘱作出了这种处分，则其余遗嘱继承人不是代替先亡的遗嘱继承人取得其应继份额，而是基于遗嘱人的处分使原有的继承份额扩大。如果遗嘱人未立新遗嘱处分这部分遗产，则当遗嘱人死亡时，这部分遗产不能添加到其余遗嘱继承人的继承份额上，必须按法定继承方式转移给法定继承人。法定继承人依继承顺序的先后，取得这部分遗产，是行使自身享有的法定继承权，而不是替代先亡的遗嘱继承人继承遗产。如果先死亡的遗嘱继承人系法定继承人中按继承顺序有权取得遗产的人，当他先于遗嘱人死亡，且遗嘱人又未对其应继承的遗产份额重新处分而转入法定继承时，他的晚辈直系亲属就可在遗嘱人死亡时按法定继承的规定代位继承，但其代位继承的份额不以原遗嘱人指定给遗嘱继承

人的继承份额为限，而仅限于先亡的遗嘱继承人依法定继承方
式应继承的遗产份额。

第二节 遗 嘱

一、遗嘱的概念和特征

遗嘱继承发生的法律根据是被继承人生前立下的遗嘱。遗
嘱，是遗嘱人生前在法律允许的范围内按照法律规定的方式对
其遗产或其他事务所作的个人处分，并于遗嘱人死亡时发生效
力的法律行为。

遗嘱具有如下法律特征：

1. 遗嘱是单方法律行为。遗嘱是基于遗嘱人单方的意思表
示，即可产生民事法律后果的行为。只要有遗嘱人的合法意思
表示，遗嘱即发生法律效力。遗嘱人设立遗嘱不需要征得遗嘱
继承人或遗赠受领人的同意。遗嘱人设立遗嘱时也不因遗嘱继
承人是否知道它的内容而使遗嘱的效力受到影响。由于遗嘱是
单方法律行为，所以遗嘱人生前有权变更或撤销自己所立的
遗嘱。

2. 遗嘱人必须具有行为能力。遗嘱是被继承人生前对其遗
产所作的预先处分并于死后发生法律效力的一种法律行为，因
此法律要求遗嘱人必须具有行为能力。只有具有完全行为能力
的人，才能设立遗嘱并产生法律上的效力。限制行为能力人或
无行为能力的人不具有遗嘱能力，因而不能设立遗嘱。

3. 设立遗嘱不能代理。遗嘱的内容必须是遗嘱人的真实意
思表示，需要遗嘱人本人亲自作出。因此，设立遗嘱不能通过
代理进行。虽然法律中允许遗嘱人在不识字、残废或者其他情
况下可以请他人制作代书遗嘱，但这并不是代书人代理遗嘱人

立遗嘱，而仅仅是代书人从技术上协助遗嘱人完成遗嘱的设立。我国继承法要求，由他人代书遗嘱时，遗嘱人本人必须在遗嘱上签字，并要求有两个以上见证人在场见证。这是同一般民事代理行为所根本不同的。

4. 遗嘱是要式法律行为。因为遗嘱具有指定继承人范围和遗产分配数额进而改变法定继承人范围和继承顺序及遗产分配原则的效力，关系到当事人继承权的取得和消灭，所以法律要求遗嘱必须具有一定形式。一般情况下，遗嘱必须用书面形式作出。只有在遗嘱人生命垂危或者其他紧急情况下，才能以口头形式作出，而且要求有两个以上见证人在场见证。危急情况解除后，遗嘱人能够用书面形式或者录音形式立遗嘱的，所立口头遗嘱无效。

5. 遗嘱是遗嘱人死亡时才发生法律效力的法律行为。因为遗嘱是立遗嘱人生前以遗嘱方式对其死亡后的财产归属所作的处分，死亡前还有权加以变更或撤销，所以它必须以遗嘱人的死亡作为前提条件。遗嘱继承人只有在遗嘱人死亡后，才有权根据遗嘱内容承受遗产。

二、遗嘱形式

遗嘱形式，就是遗嘱人处分自己遗产的意思表示的具体方式。由于遗嘱具有改变法定继承人范围、继承顺序和遗产份额以及设立遗赠、遗托的效力，对继承权和受遗赠权的实际取得与消失产生重大影响，所以法律对遗嘱人处分自己遗产的意思表示方式作了较为严格的规定。依照我国《继承法》第 17 条的规定，合法的遗嘱形式有如下三类：

（一）书面遗嘱

书面遗嘱是以书面形式订立的遗嘱。由于书面遗嘱以文书的形式把遗嘱人的真实意思表达出来，有据可依，有证可查，对于明确遗嘱继承人、遗产分配份额以及遗赠、遗托等内容，预防和解决继承纠纷都有益处。因此，法律要求公民立遗嘱时一般应采取书面形式。根据制作书面遗嘱的不同方式，可将书面遗嘱分为三种：

1. 公证遗嘱。为了防止欺骗和伪造，确保遗嘱是遗嘱人的真实意志，避免遗嘱人死后发生遗产继承纠纷，遗嘱人可以到国家公证机关办理遗嘱公证。经过国家公证机关办理了公证的遗嘱即为公证遗嘱。公证遗嘱是方式严格、内容真实、证据力较强的一种遗嘱形式。与其他遗嘱形式相比，公证遗嘱纠纷最少，便于执行，并能有效杜绝伪造、篡改遗嘱的现象。

我国《继承法》第17条第1款规定："公证遗嘱由遗嘱人经公证机关办理。"根据《公证法》第25条"自然人、法人或者其他组织申请办理公证，可以向住所地、经常居住地、行为地或者事实发生地的公证机构提出。申请办理涉及不动产的公证，应当向不动产所在地的公证机构提出；申请办理涉及不动产的委托、声明、赠与、遗嘱的公证，可以适用前款规定"的规定，办理遗嘱公证，由遗嘱人住所地、经常居住地或遗嘱行为发生地的公证机构受理。根据《公证法》第26条"自然人、法人或者其他组织可以委托他人办理公证，但遗嘱、生存、收养关系等应当由本人办理公证的除外"的规定，办理遗嘱公证，应由遗嘱人亲自向公证机构提出申请，不能委托他人代理。

公证机构在对遗嘱进行公证前，必须审查遗嘱人的身份，即审查申请公证者是否为遗嘱人本人，必须审查遗嘱人有无行为能力，必须审查申请公证的遗嘱是否真实（遗嘱是否为遗嘱人亲自所写或亲口所授）；必须审查申请公证的遗嘱内容是否合法。如果经审查发现申请公证遗嘱者并不是遗嘱人本人，或遗嘱人无行为能力，或申请公证的遗嘱不真实，或遗嘱内容不合法，公证机构应当拒绝给予公证。至于对遗嘱中指定的遗嘱继承人或受遗赠人是否存在，遗嘱中指明的遗产是否存在以及是否确属遗嘱人所有等问题，公证机构不必进行审查。因为对遗产继承来说，遗嘱继承人或受遗赠人是否存在，或遗嘱中指明的遗产是否存在并确属遗嘱人所有，这两个问题只有在遗嘱人死亡、继承开始时才能最后确定。遗嘱公证应由两名公证人员共同办理。公证处可以应当事人的请求，帮助当事人起草、修改遗嘱。公证遗嘱采用打印形式，公证人员对遗嘱草稿进行审查后打印，遗嘱人核对后在打印的遗嘱上签名。遗嘱人不会签名或签名有困难的，可以盖章的方式代替在申请表、笔录和遗嘱上的签名；遗嘱人既不能签字又无印章的，应以按手印的方式代替签名或盖章。上述情形，公证人员应在笔录中注明。以按手印代替签名或盖章的，公证人员还要提取遗嘱人全部的指纹存档。公证机构经审查，认为遗嘱人提供的证明材料真实、合法、充分，遗嘱内容真实、合法的，应当自受理公证申请之日起 15 个工作日内向当事人出具公证书。公证书应当按照国务院司法行政部门规定的格式制作，由公证员签名或者加盖签名章并加盖公证机构印章。公证书自出具之日起生效。公证机构及其工作人员有义务保守遗嘱秘密。在遗嘱人死亡之前，除司法机关外，任何人无权向公证机构提出了解遗嘱内容的要求。经遗嘱人申请，公证机构还可以为其保管遗嘱。

2. 自书遗嘱。自书遗嘱是遗嘱人亲笔制作的遗嘱形式。遗嘱人在具有文字书写能力的情况下，可以依照法律的有关规定，独立地书写遗嘱，按自己的意愿指定遗嘱继承人或受遗赠人，确定各遗嘱继承人或受遗赠人接受遗产的份额。遗嘱人自书遗嘱时，要在遗嘱文书上注明立遗嘱的时间（年、月、日）与地点，还要亲笔签名，也可加盖印章。我国《继承法》第 17 条第 2 款规定："自书遗嘱由遗嘱人亲笔书写，签名，注明年、月、日。"如果自书遗嘱人为证实其所立遗嘱的真实性而请无利害关系人或自己所在单位及居住地的基层组织作为遗嘱见证人，法律也不禁止。但要求充任遗嘱见证人的无利害关系人或遗嘱人所在单位及居住地的基层组织必须在遗嘱人自书的遗嘱上亲笔签名或盖章，并注明见证日期。值得提出的是，被继承人若生前只在自己的日记中或给亲友及其他任何人的书信里表示有关于处分自己财产的设想或打算，而未形成正式的遗嘱文书，则这种设想或打算不能被视为自书遗嘱。因为，第一，法律对遗嘱形式的要求是比较严格的，书面遗嘱（包括自书遗嘱）一定应是单独的遗嘱文书；第二，遗嘱人的遗嘱处分必须是明确、具体和肯定的，不应当使用含混、模糊、不肯定、不确切的词语表示遗嘱人的意志。而被继承人在自己的日记中或给亲友及其他任何人的书信里谈及有关处分自己财产的设想或打算，不仅在形式上不符合法律对订立遗嘱的要求，而且在内容上也不是对其死后遗产的明确、具体和肯定的处分。所以，被继承人生前的这种意思表示，不能作为自书遗嘱来加以确认。公民在遗书中涉及死后其个人财产如何处分的内容，能否确定该遗书具有遗嘱的效力问题，最高人民法院《继承法意见》第40条指出："公民在遗书中涉及死后个人财产处分的内容，确为死者真实意思的表示，有本人签名并注明了年、月、日，又无相反证据的，可按自书遗嘱对待。"自书遗嘱同其他任何形式的遗嘱一样，既可由遗嘱人自己保存，亦可交由包括遗嘱继承人或受遗赠人在内的其他任何个人或组织保存，既可在遗嘱人生前秘密作出和存放，也可公开其内容。

3. 代书遗嘱。在遗嘱人不会用文字表达其关于预先处分遗产的意思或因某种原因而不能亲笔书写遗嘱的情况下，遗嘱人可以请求他人代为书写遗嘱。这种由他人代为书写制成的遗嘱叫做代书遗嘱。请求他人代为书写遗嘱的遗嘱人，必须有遗嘱能力。请求他人代为书写遗嘱的被继承人，并不是因为其本身不具备遗嘱能力，而是由于他不会用文字准确表达自己关于预先处分遗产的意思，或者是由于某种意外原因而不能亲笔书写遗嘱，所以请求他人从技术上协助其完成设立遗嘱的行为。如果遗嘱人能够用文字准确表达意思，则不能请求他人代为书写遗嘱。无行为能力人和限制行为能力人由于根本不具备遗嘱能力，不能作为遗嘱人，既不可自书遗嘱，也不能请求他人代书遗嘱。关于代书遗嘱的基本法律要求，我国《继承法》第 17 条第 3 款规定："代书遗嘱应当有两个以上见证人在场见证，由其中一人代书，注明年、月、日，并由代书人、其他见证人和遗嘱人签名。"

我国《继承法》第 18 条规定："下列人员不能作为遗嘱见证人：①无行为能力人、限制行为能力人；②继承人、受遗赠人；③与继承人、受遗赠人有利害关系的人。"最高人民法院《继承法意见》第 36 条指出："继承人、受遗赠人的债权人、债务人，共同经营的合伙人，也应当视为与继承人、受遗赠人有利害关系，不能作为遗嘱的见证人。"据此可以得出结论，除上述人之外的任何人都可作为遗嘱见证人。

（二）录音遗嘱

录音遗嘱，就是以声音或声音加视频图像形式反映遗嘱人关于处分其遗产的意思表示的遗嘱形式。

随着现代科学技术的发展和在社会生活各个领域的应用，录音录像的使用范围已经扩展到司法领域。我国民事诉讼法已将能够反映案件真实情况的录音录像列入证据形式的视听资料之中，赋予其证据效力。同样，我国继承法亦准予遗嘱人以录音的形式制作遗嘱，表达其关于遗产处分的真实意思。为确保录音遗嘱的真实性，我国《继承法》第 17 条第 4 款规定："以录音形式立的遗嘱，应当有两个以上见证人在场见证。"根据这项法律规定，遗嘱人以录音形式立遗嘱时，必须邀请两个以上符合遗嘱见证人条件的人在场为自己立遗嘱的行为作证。所谓"在场见证",是指见证人要亲自参加遗嘱人制作录音遗嘱的全过程,并在录音遗嘱中由见证人亲口录下自己的姓名、见证的时间和地点。录音遗嘱制作完成后应进行封存。

(三)口头遗嘱

口头遗嘱,就是遗嘱人以口述方式表达关于处分其遗产的真实意思的遗嘱形式。并不是任何情况下遗嘱人都可以采用口头遗嘱形式设立遗嘱。我国《继承法》第17条第5款规定:"遗嘱人在危急情况下,可以立口头遗嘱。"出现"危急情况"是遗嘱人设立口头遗嘱的必要前提条件。我国《继承法》中所谓"危急情况",是指遗嘱人在生命垂危之际或遇重大军事行动、严重自然灾害等可能导致其生存发生危险,若不立即设立遗嘱便将丧失遗嘱能力的情况。只有在这种情况下,遗嘱人才能用口头遗嘱形式设立遗嘱。

依照我国《继承法》第17条第5款中的规定:"口头遗嘱应当有两个以上见证人在场见证。"其中一个见证人应当对口头遗嘱作出书面记录,注明设立口头遗嘱的时间、地点和见证人、记录人的姓名,并由记录人和在场的见证人签名和盖章。如果因情况紧急而无法当场记录,事后应当由见证人向遗嘱人所在单位或遗产所在地基层组织就遗嘱人口头遗嘱的内容作出书面或口头声明。

口头遗嘱既然只能在危急情况下设立才为有效,那么当引起遗嘱人设立口头遗嘱的"危急情况"解除后,遗嘱人又能够用书面或者录音形式设立遗嘱的,遗嘱人原先在"危急情况"下所立的口头遗嘱即失去其效力。我国《继承法》第17条第5款中规定:"危急情况解除后,遗嘱人能够用书面或者录音形式立遗嘱的,所立的口头遗嘱无效。"这种无效不是部分无效,而是全部无效。

三、遗嘱的有效条件

由于遗嘱具有改变继承人范围、继承顺序和继承份额等效力，关系到当事人实际继承权的取得和丧失，因此，法律要求遗嘱人设立遗嘱必须符合一定条件，才能合法有效。有效遗嘱必须具备以下条件：

1. 遗嘱人必须具有遗嘱能力。遗嘱能力是指遗嘱人设立遗嘱的行为能力。遗嘱是一种法律行为，法律行为的有效前提条件之一是行为人必须具有行为能力。只有具有以自己的行为取得民事权利和为自己设定民事义务的资格的人，即具有行为能力的人才能办理法律行为，以确立、变更或终止民事法律关系。因此，只有具有行为能力的人才能办理设立遗嘱的法律行为。最高人民法院《继承法意见》第41条中指出："遗嘱人立遗嘱时必须有行为能力。"遗嘱人设立遗嘱时是否具有设立遗嘱的行为能力，这是确认遗嘱是否合法有效的一项重要标准。

在我国，宪法和其他有关法律中以及司法实践上都把18周岁以上的人视为成年人。凡年满18周岁而且神智正常的人都具有完全行为能力，可以正确地表达自己的意思，因而能够用遗嘱处分自己的财产。按照《民法通则》的规定，18周岁以上以及16周岁以上不满18周岁并以自己的劳动收入为主要生活来源的精神健全的未成年人具有完全的民事行为能力，亦即具有遗嘱能力。

我国民法理论中和司法实践上都确认限制行为能力人可以在与其年龄相当、满足其日常生活需要的民事活动中享有一定民事权利、承担一定民事义务。由于设立遗嘱需要遗嘱人具有相当程度的社会经验（包括法律常识），对家庭生活的需要和家庭职能具有较明确的认识，而限制行为能力人恰恰缺乏这一条件，难以立出符合法律、家庭关系和家庭职能要求的遗嘱，所以，我国《继承法》第 22 条第 1 款规定，限制行为能力人所立的遗嘱无效。10 周岁以下的儿童和因患精神病或其他精神异常的疾病而依法律规定的程序被宣告为无行为能力的人，由于他们根本不能正确地表达自己的思想，无法办理符合法律要求的有效法律行为，因此他们都是完全无行为能力的人，他们所需要进行的法律行为都由他们的法定代理人代行。按照法律要求，遗嘱的内容必须正确表达遗嘱人的真实意思，且遗嘱是一种同立遗嘱人的人身有直接联系的法律行为，不能由他人代为办理。所以，无行为能力人既不能以自身的直接行为设立遗嘱，也不能由他们的法定代理人以他们的名义设立遗嘱。我国《继承法》第 22 条第 1 款中规定，无行为能力人所立的遗嘱无效。但是，对精神病患者在治愈后能够正确表达自己的意思时所立的遗嘱或者患有间歇性精神病的人在神志清醒时所立的遗嘱，经严格审查确属代表了本人真实意思的，也应承认其具有法律效力。

仅患有聋、哑、盲等生理疾病，仍具有行为能力的人，可以立遗嘱。但如果他们不识字（或盲文），立遗嘱时可能会遇到一定技术上的困难。在这种情况下，应当有善于用某种方式（如哑语、盲文）向患者说明问题的人参加，以便弄清患者所表示的真实意思，使所立的遗嘱能确实反映遗嘱人的真实意愿。参加人应当在所立的遗嘱上签字，说明遗嘱内容符合遗嘱人的意思表示。这种遗嘱进行公证时，公证员应当为弄清楚上述问题，邀请善于用某种方式向患者说明问题的人参加。立遗嘱人在立遗嘱时如果不具有遗嘱能力，而在以后即使他已具有完全行为能力（如立遗嘱时患有精神病，以后治愈了，或是立遗嘱时尚未成年，以后年满 18 周岁了），他在之前所立的遗嘱也不具备法律效力。

2. 遗嘱必须是遗嘱人的真实意思表示。遗嘱内容必须与遗嘱人关于处分其遗产的内在真实意志相一致。遗嘱作为遗嘱人生前以遗嘱方式处分自己遗产的一种单方法律行为，必须是遗嘱人出于完全自愿而作出的，必须是真实可靠的。对暂时处于不能完全理解自己行为意义状态中的被继承人所立的遗嘱，由于它并未表达该被继承人的真实意愿，故不能视其为有效。例如，被继承人因病在神志不清时立下遗嘱，不久便死亡；被继承人因酗酒在精神恍惚状态下立了遗嘱，随后即遇意外事件而死亡。上述被继承人所立的遗嘱都不能发生法律效力。被继承人在受到他人威胁、强迫或欺骗下所立的遗嘱，由于其设立和内容都违背了被继承人的真实意愿，因而无效。由他人伪造的遗嘱，根本不能反映被继承人的真实意思，当然也无效。遗嘱人所立的遗嘱其部分或全部内容若被他人所篡改，使篡改后的遗嘱失去了真实性，已不能完全反映被继承人的真实意思，则篡改的遗嘱内容无效。我国《继承法》第22条中明确规定："遗嘱必须表示遗嘱人的真实意思，受胁迫、欺骗所立的遗嘱无效。伪造的遗嘱无效。遗嘱被篡改的，篡改的内容无效。"

3. 遗嘱内容不得违反法律及社会公共利益。继承法一方面赋予公民处分自己遗产的自由权，另一方面又要求公民在处分遗产时必须符合社会公共利益。因此，公民在对个人财产进行遗嘱处分时，必须兼顾个人利益和社会公共利益。如果遗嘱内容违反社会公共利益，则遗嘱无效。例如，遗嘱人在遗嘱中指定某人利用遗产进行违法犯罪活动，这种遗嘱就无效。遗嘱人只能处分属于自己的个人合法财产。最高人民法院《继承法意见》第38条指出："遗嘱人以遗嘱处分了属于国家、集体或他人所有的财产，遗嘱的这部分，应认定无效。"同时，遗嘱必须为缺乏劳动能力又没有生活来源的继承人保留必要的遗产份额。我国《继承法》第19条明确规定："遗嘱应当为缺乏劳动能力又没有生活来源的继承人保留必要的遗产份额。"这项规定是国家对遗嘱人行使遗嘱处分权的必要限制。法律上之所以要有这样的限制，原因在于：被继承人生前对缺乏劳动能力又没有生活来源的法定继承人就负有法律上的抚养、扶养和赡养的义务。被继承人生前在有劳动能力又有生活来源时，则不能逃避对缺乏劳动能力又没有生活来源的家庭成员的法律义务，必须对他们抚养、扶养或者赡养。同样，被继承人生前拥有一定数量财产并将于其死后变为遗产时，若被继承人生前用遗嘱方式处分这些财产，就必须考虑到他对缺乏劳动能力又没有生活来源的法定继承人应尽的义务，为他们保留必要的继承份额，否则被继承人的遗嘱是无效的。

4. 遗嘱必须具备法律规定的形式。（详见遗嘱形式）

四、遗嘱的变更和撤销

遗嘱是一种单方法律行为，是基于遗嘱人的真实意思而设立的。遗嘱一经设立，只要符合法律规定的有效条件，即可产生法律效力。但这并不等于说，遗嘱一经设立就不得改变。现实生活中，由于某种新情况的出现，如原遗嘱中不给或少给遗产的某法定继承人丧失了劳动能力和生活来源，遗嘱人又获得了新的财产或增加了债务，某一遗嘱继承人对遗嘱人关心照顾不周或遗嘱人对某一法定继承人的感情加深等，因而可能会使遗嘱人感到原来所立的遗嘱不妥，想变更、撤销或补充原立遗嘱。因此，法律允许遗嘱人变更、撤销或补充自己所立的遗嘱。我国《继承法》第20条第1款规定："遗嘱人可以撤销、变更自己所立的遗嘱。"由于遗嘱具有改变继承人的范围、继承顺序和遗产继承份额的效力，为了保证遗嘱的严肃性，变更、撤销或补充遗嘱也应遵循与设立遗嘱基本相同的法律要求。例如，变更、撤销、补充遗嘱时，遗嘱人必须仍具有遗嘱能力；必须是遗嘱人的真实意思表示；不得违反社会公共利益；不得取消缺乏劳动能力又无生活来源的法定继承人必要的继承份额；必须按不同形式遗嘱的设立程序进行。

（一）遗嘱的变更

遗嘱的变更，是指遗嘱人依法变动、更改其原来所立遗嘱的部分内容的单方法律行为。

遗嘱是一种同立遗嘱人的本人意志相联系的单方法律行为，因此，变更已经设立的遗嘱内容，必须由遗嘱人本人亲自进行。除了遗嘱人之外，其他任何单位或个人都无权对遗嘱人设立的遗嘱进行任何变更，人民法院也无权变更遗嘱。如果遗嘱的部分或全部内容违反了法律和社会公共利益，人民法院宣布该部分或全部遗嘱无效时，并不是改变了原遗嘱的内容，而是依法认定该部分所涉遗产不按照遗嘱处分，而转归法定继承。

1. 遗嘱变更的内容。①对原遗嘱中指定的遗嘱继承人和受遗赠人进行更改，如增加或减少遗嘱继承人和受遗赠人的人数、更换遗嘱继承人或受遗赠人。②对原遗嘱中分配给遗嘱继承人的遗产数额或赠给受遗赠人的遗赠数额进行增加或减少的变动。变更遗嘱的内容时，不得违反法律和社会公共利益，不得取消缺乏劳动能力又没有生活来源的法定继承人必要的遗产份额。

2. 遗嘱变更的方式。第一种方式是制作新遗嘱。我国《继承法》第20条第2款规定："立有数份遗嘱，内容相抵触的，以最后的遗嘱为准。"遗嘱人立下一份遗嘱后，感到有些不妥，又制作一个新遗嘱，仅涉及原遗嘱的部分内容，当前后两个遗嘱中的部分内容相抵触时，以最后立的遗嘱为准，即可视为变更了原遗嘱。第二种方式是提出变更遗嘱的声明。遗嘱人可按原立遗嘱的设立方式和程序提出变更原遗嘱的声明。如果原遗嘱是公证遗嘱，变更遗嘱还必须通过原来的公证机关加以证明，否则新立的遗嘱无效，而原来所立的遗嘱仍然具有法律效力。此外，根据我国《继承法》第20条第3款的规定，自书、代书、录音和口头遗嘱，不得变更公证遗嘱。最高人民法院《继承法意见》第 42 条指出："遗嘱人以不同形式立有数份内容相抵触的遗嘱，其中有公证遗嘱的，以最后所立公证遗嘱为准；没有公证遗嘱的，以最后所立的遗嘱为准。"

（二）遗嘱的撤销

遗嘱的撤销，是指遗嘱人依法取消原来所立遗嘱的全部内容的法律行为。撤销遗嘱的法律行为只能由遗嘱人生前亲自进行，其他任何人不得代其为撤销遗嘱的行为。

1. 遗嘱撤销的方式。①设立新遗嘱以否定原遗嘱。根据我国《继承法》第 20 条第 2 款的规定，立有数份内容相抵触的遗嘱，以最后的遗嘱为准。如果遗嘱人所立的新遗嘱之内容与原立遗嘱的内容完全相抵触，则以新立遗嘱为准，视原立遗嘱被当然撤销。②提出声明撤销原遗嘱。遗嘱人可按设立原遗嘱的方式、程序提出撤销原遗嘱的声明。原遗嘱经过公证或见证的，遗嘱人撤销遗嘱时还必须向原公证机关或见证人发表撤销原遗嘱的声明，否则关于撤销遗嘱的声明不发生法律效力，原立遗嘱仍然有效。此外，依照我国《继承法》第 20 条第 3 款的规定，自书遗嘱、代书遗嘱、录音遗嘱和口头遗嘱，不得撤销公证遗嘱。

遗嘱人虽然在遗嘱中指定将其财产交给遗嘱继承人或受遗赠人，但他生前却又违反其遗嘱中所表示的意思，使这部分财产灭失、部分灭失或使其所有权转移、部分转移，导致原立遗嘱的内容部分或完全不能实现的，遗嘱视为被撤销或部分被撤销。[1]

2. 遗嘱撤销的效力。遗嘱的撤销使遗嘱人原立遗嘱全部丧失法律效力。遗嘱人撤销原来所立遗嘱后又未立新遗嘱，其死后的遗产转归法定继承。

[1]　参见最高人民法院《继承法意见》第 39 条。

【案例分析】

郭某的哪一份遗嘱有效?

案情: 郭某曾立下书面遗嘱,将其全部遗产3间房屋和2万元存款给长子郭甲继承。但弥留之际,郭某又觉得长子不够孝顺,巴不得自己赶快死,便宣布把自己的全部遗产给次子郭乙继承。当时在场人员有护士小王,三个子女郭甲、郭乙、郭丙。郭丙患有严重的精神病,无业在家。郭某对郭丙很讨厌,故未考虑给其遗产。请问:①两个遗嘱以哪一份为准?为什么?②如果郭甲为争夺遗产,在郭乙水杯中下毒,但误把白糖当作砒霜,则发生什么民事后果?

分析: ①本案有两份遗嘱,书面遗嘱部分有效,口头遗嘱无效。因为口头遗嘱不符合两个或者两个以上见证人在场见证的条件,依据《继承法》,见证人不能是继承人或者与继承人有利害关系的人。本案中,只有一人即护士小王符合见证人的条件,其他人则不能作为见证人。书面遗嘱部分有效,继承人郭丙缺乏劳动能力,没有生活来源,在遗产中必须给他保留必要的份额。②郭甲为争夺遗产,在郭乙水杯中下毒,虽犯罪未遂,但为争夺遗产,有杀害郭乙的主观故意,而且付诸行动,郭甲会依法被剥夺继承权。

本案自书遗嘱是否有效?

案情: 2006年底,成都市有一对老年夫妻,丈夫在临终前立了一份自书遗嘱,主要内容包括:"由长子全权处理自己的后事,所余钱物由两个儿子平分。住房已经买下,户主也是本人,我老伴儿对此房只有居住权,可在此居住至终老,房子最后由长子继承……"遗嘱中没有涉及妻子季某的继承份额。老伴儿去世后,季某越想越不对劲,找儿子协商重新进行财产分割也没有达成一致意见。为维护自己的合法权益，季某诉至法院，要求把住房判归自己，同时要求将自己与丈夫的共同财产依法分割。法庭上，母亲和两个儿子展开了激烈辩论。季某怀疑遗嘱是假造的；儿子则辩称，父母结婚37年，母亲一直没有工资收入补贴家里，现在的积蓄全部是父亲的。但原、被告双方提供的证据都不能充分证明自己的主张。法院经过详细审查，认定原告及被继承人生前的住房以及名下的存款、国库券、家具均系婚姻关系存续期间所共有，而且双方未就财产问题进行事先约定，因此应属夫妻双方的共同财产。请问：该遗嘱有效吗？法院应如何判决？

　　分析：合法有效的遗嘱应当符合以下几个条件：①遗嘱人必须具有遗嘱能力；②遗嘱必须是遗嘱人真实意思的表示；③遗嘱的内容必须合法；④遗嘱必须符合法定形式。本案中的遗嘱内容不合法，属于部分无效的遗嘱。遗嘱中只能处分个人合法财产，该遗嘱中遗嘱人有权支配的只是夫妻共同财产的一半，其余的一半家庭财产依法应归季某所有，对于季某的这份财产，丈夫在遗嘱中无权支配。

　　据此，法院依法作出如下判决：①住房产权的一半归季某所有，另一半归长子所得；②被继承人名下存款的一半归母亲，另一半扣除长子垫付的丧葬费后由两个儿子平分；③家中家用电器等物品一半归季某，另一半由两个儿子平分。

【相关法条及解释】

　　1.《继承法》第17条　遗嘱人在危急情况下，可以立口头遗嘱。口头遗嘱应当有两个以上见证人在场见证。危急情况解除后，遗嘱人能够用书面或者录音形式立遗嘱的，所立的口头遗嘱无效。

　　2.《继承法》第18条　下列人员不能作为遗嘱见证人：

（一）无行为能力人、限制行为能力人；

（二）继承人、受遗赠人；

（三）与继承人、受遗赠人有利害关系的人。

3. 《继承法》第19条 遗嘱应当对缺乏劳动能力又没有生活来源的继承人保留必要的遗产份额。

4. 《继承法》第7条 继承人有下列行为之一的，丧失继承权：

（一）故意杀害被继承人的；

（二）为争夺遗产而杀害其他继承人的；

（三）遗弃被继承人的，或者虐待被继承人情节严重的；

（四）伪造、篡改或者销毁遗嘱，情节严重的。

5. 《继承法意见》第11条 继承人故意杀害被继承人的，不论是既遂还是未遂，均应确认其丧失继承权。

6. 《婚姻法》第17条 夫妻在婚姻关系存续期间所得的下列财产，归夫妻共同所有：

（一）工资、奖金；

（二）生产、经营的收益；

……

夫妻对共同所有的财产，有平等的处理权。

【思考题】

1. 简述遗嘱继承的法律特征。

2. 如何理解遗嘱的有效条件？

第十二章

遗赠和遗赠扶养协议

【内容提要】遗赠是被继承人处分自己财产的又一种方式，是通过遗嘱将其遗产的一部分或全部赠与国家、社会或者法定继承人以外的人的一种单方面的民事法律行为。遗赠扶养协议是我国继承制度的新发展，是基于权利义务相一致的原则，受扶养人将财产遗赠给扶养人的协议。本章主要介绍了遗赠和遗赠扶养协议的概念、特征及效力，以及它们与遗嘱继承、赠与等制度的区别。

第一节 遗 赠

一、遗赠的概念和特征

遗赠是指被继承人通过遗嘱的方式，将其遗产的一部分或全部赠与法定继承人以外的个人或者社会组织，并于遗嘱人死亡时发生法律效力的民事法律行为。设定遗赠的人称遗赠人，接受遗赠的人称为受遗赠人。我国《继承法》第 16 条第 3 款规定："公民可以立遗嘱将个人财产赠给国家、集体或者法定继承人以外的人。"

遗赠具有以下法律特征：

1. 遗赠是单方法律行为。遗赠行为只须遗赠人一方作出意思表示即可成立，并不需要征得受遗赠人的同意，遗赠人在生前亦可单方取消该遗赠。当然，受遗赠人可以接受遗赠，也可以不接受遗赠。我国《继承法》第 25 条第 2 款规定："受遗赠人应当在知道遗赠后 2 个月内，作出接受或者放弃受遗赠的表示。到期没有表示的，视为放弃受遗赠。"

2. 遗赠是无偿的、自愿的，死后才发生法律效力的法律行为。遗赠人给予他人的财产利益是无偿转让，不以受遗赠人应尽法律上的义务为前提。在遗赠中，虽然有时也附有某种义务，但这种义务不可能是对等的。遗赠人不能只将财产义务赠与他人，也不能使受赠人所负的义务超过其所享受的权利。

3. 受遗赠人必须是法定继承人以外的人，包括国家、集体组织和社会团体和个人。

4. 遗赠的标的只能是遗产中的财产权利，而不能是财产义务（如债务）。如果遗产中的所有权和债权的标的之价值大于债务标的之价值，遗赠人可将全部遗产赠给受遗赠人，最终受遗赠人应得到财产利益。

5. 受遗赠权不能由他人代替行使。当受遗赠人先于遗赠人死亡，其受遗赠权便自然消失。当受遗赠人不愿接受遗赠，他也不能将该遗赠财产转给他人。但是当继承开始后，受遗赠人表示接受遗赠，并于遗产分割前死亡的，其接受遗赠的权利转移给他的继承人。

6. 清偿遗赠人的债务优先于执行遗赠。我国《继承法》第 34 条规定"执行遗赠不得妨碍清偿遗赠人依法应当缴纳的税款和债务。"

7. 遗赠人行使遗赠权不得违背法律规定。我国《继承法》第 19 条规定"遗嘱应当对缺乏劳动能力又没有生活来源的继承人保留必要的遗产份额。"遗赠作为一项遗产处分，必须符合该规定。

二、遗赠的有效条件

遗赠作为一种法律行为，其生效除了需要满足法律行为的一般生效条件之外，还需同时满足以下条件：

1. 据以确认受遗赠权的遗嘱必须是合法有效的遗嘱。遗嘱无效，当然导致遗赠的无效。

2. 遗赠人须有遗嘱能力。自然人只有具备完全民事行为能力才有遗嘱能力，即完全民事行为能力人所立的遗嘱才有效，无民事行为能力人或者限制民事行为能力人没有遗嘱能力，他们所立的遗嘱无效。遗赠人有无遗嘱能力应以设立遗嘱时为准，如果设立遗嘱时有遗嘱能力其后又丧失，并不影响遗嘱的效力。

3. 遗赠人须为缺乏劳动能力又没有生活来源的继承人保留必要的遗产份额。如果继承人中有缺乏劳动能力又没有生活来源的人，而遗赠人又没有为其保留必要的遗产份额，则涉及这一必要份额的遗赠无效。

4. 遗赠人所立的遗嘱符合法定的形式。遗赠人设立的遗嘱不符合法定形式，遗赠无效。

5. 受遗赠人须为在遗赠人的遗嘱生效时生存之人。先于遗赠人死亡或者与遗赠人同时死亡的公民，不能成为受遗赠人，因为其不具有民事权利能力。

6. 遗赠的财产须是在遗赠人死亡时能够执行遗赠的合法遗产。如果遗赠财产不属于遗产，或者于遗赠人死亡时该项财产已不存在或因其他原因不能执行，则遗嘱无效。

三、遗赠与遗嘱继承的区别

遗赠与遗嘱继承都是公民以遗嘱方式处分自己财产而在其死后发生法律效力的法律行为。但是，遗赠与遗嘱继承之间仍存在着显著的差异。

1. 遗嘱继承人和受遗赠人的主体范围不同。根据我国《继承法》规定，遗嘱继承人只能是法定继承人中的一人或数人，是与立遗嘱人有血缘关系、婚姻关系、扶养关系的自然人。而受遗赠人则可以是国家、集体组织或者法定继承人以外的自然人，即并不限于自然人，可以是与遗嘱人有密切联系的人，也可以是与遗嘱人没有任何关系的人。

2. 遗嘱继承权与受遗赠权的客体范围不同。遗嘱继承权的客体是遗产，遗嘱继承人对遗产的继承是概括地承受财产权利和被继承人生前的财产义务。而受遗赠权的客体只是遗赠人生前享有的财产权利，受遗赠人并不承受被继承人的债务。

3. 受遗赠人与遗嘱继承人作出接受和放弃表示的要求不同。受遗赠人接受遗赠的，应于法定期间内作出接受遗赠的明示的意思表示。我国《继承法》第 25 条规定："受遗赠人应当在知道受遗赠后两个月内，作出接受或者放弃受遗赠的表示。到期没有表示的，视为放弃受遗赠。"而遗嘱继承人自继承开始后，遗产分割前未明确表示放弃继承的，则视为接受继承，放弃继承权必须于此期间内作出明确的意思表示。

4. 受遗赠人与遗嘱继承人取得遗产的方式不同。受遗赠人不直接参与遗产分配，而是从遗嘱继承人或者遗嘱执行人那里取得遗赠人的财产。遗产继承人可直接参与遗产的分配以实现其继承权。

四、遗赠与赠与的区别

遗赠与赠与都是自然人自愿、无偿地将自己的财产赠给他人的法律行为。但是，遗赠与赠与之间仍存在着显著的差异。

1. 两者的法律性质不同。遗赠是遗赠人的单方法律行为，遗嘱人立遗嘱时不必征得受遗赠人的同意，就可以在遗嘱中作出遗赠的意思表示，受遗赠人依据遗赠人的遗嘱就对其遗产取得了受遗赠的权利。赠与属于双方法律行为，是赠与人与受赠人之间的合同关系，赠与人的赠与行为只有在得到受赠人的承诺，即双方意思表示一致，赠与合同才能成立，发生法律效力。

2. 意思表示的方式不同。遗赠以遗嘱的存在为前提，受遗赠人取得财产的依据只能是遗嘱，遗赠人遗赠其财产应遵守法律对于遗嘱的规定，因此，遗赠是要式的法律行为。赠与一般没有严格的形式要求，除法律对特殊标的赠与有形式上的要求外，当事人双方可以用口头或书面的形式达成一致，因此，赠与是不要式法律行为。

3. 处分财产的范围不同。遗赠人按遗赠方式处理其财产，应不违反法律的要求，如不得剥夺无独立生活能力又无其他生活来源的法定继承人的遗产份额，受遗赠人可取得的遗产应是偿还了遗嘱人生前所欠债务后才可分得的财产。而赠与人处分自己的财产给受赠人，除了不以逃避债务为目的的赠与外，法律上一般不加限制。

4. 发生法律效力的时间不同。遗赠的生效时间实际上是遗嘱的生效时间，遗赠在遗嘱订立时具有设立效力，但必须在遗赠人死亡后才发生执行效力。而赠与一般是赠与人生前生效的法律行为，赠与要实际交付赠与标的物之后才能最终产生法律效果，实现赠与物所有权的转移。

第二节　遗赠扶养协议

一、遗赠扶养协议的概念和特征

遗赠扶养协议是受扶养的公民和扶养人之间关于扶养人承担受扶养人的生养死葬的义务，受扶养人将财产遗赠给扶养人的协议。遗赠扶养协议是我国《继承法》确立的一项新的法律制度，是我国继承制度的新发展。其具有以下特征：

1. 遗赠扶养协议是双方的法律行为，只有在遗赠方和扶养方双方自愿协商一致的基础上才能成立。凡不违反国家法律规定、不损害公共利益、不违反社会主义道德准则的遗赠扶养协议即具有法律约束力，双方均必须遵守，切实履行。任何一方都不能随意变更或解除。如果一方要变更或解除，必须取得另一方的同意。

2. 遗赠扶养协议是有偿的、相互附有条件的，它体现了权利义务相一致的原则。遗赠方有接受扶养的权利，同时具有遗赠扶养人财产的义务，对遗赠扶养协议中的财产不得处分。扶养方有接受遗赠的权利，同时承担对遗赠人生养死葬的义务。

3. 遗赠扶养协议从协议成立之日起开始发生法律效力。协议双方必须遵守协议的约定，违反协议的一方要承担相应的违约责任。

4. 遗赠扶养协议具有最高效力。被继承人生前与他人订有遗赠扶养协议，同时又立有遗嘱的，继承开始后，如果遗赠扶养协议与遗嘱有抵触，按协议处理，与协议抵触的遗嘱全部或部分无效。[1]

二、遗赠扶养协议的效力

遗赠扶养协议在性质上属于合同，因而其生效需要满足合同法的相关规定。此外，由于遗赠扶养协议有其自身的特点，因而在法律效力问题上还具有以下特征：

1. 遗赠扶养协议的法律效力高于法定继承和遗嘱继承。我国《继承法》第5条规定："继承开始后，按照法定继承办理；

[1] 参见最高人民法院《继承法意见》第5条。

有遗嘱的，按照遗嘱继承或者遗赠办理；有遗赠扶养协议的，按照协议办理。"在财产继承中如果各种继承方式并存，应首先执行遗赠扶养协议，其次是遗嘱和遗赠，最后才是法定继承。

2. 遗赠扶养协议一经签订，双方必须认真遵守协议的各项规定。被扶养人对协议中指明的财产，在其生前可以占有、使用，但不能处分。如果遗赠的财产因此而灭失，扶养人有权要求解除遗赠扶养协议，并要求补偿已经支出的扶养费用。扶养人必须认真履行扶养义务。如果扶养人不尽扶养义务，或者以非法手段谋取被扶养人的财产，经被扶养人的亲属或有关单位请求，人民法院可以剥夺扶养人的受遗赠权。如果扶养人不认真履行扶养义务，致使被扶养人经常处于生活困难、缺乏照料的情况时，人民法院可以酌情对遗赠财产的数额给予限制。

3. 遗赠扶养协议因一方反悔而解除时，发生两种法律后果：①扶养人无正当理由不履行协议规定的义务，导致协议解除的，不能享受遗赠的权利。其已支付的扶养费用，一般也不予补偿。②受扶养人无正当理由不履行协议，致使协议解除的，则应适当偿还扶养人已支付的扶养费用。

4. 遗赠扶养协议签订后，遗赠人与其子女、扶养人与其父母之间的权利义务关系并不因此而解除。遗赠人的子女对遗赠人的赡养扶助义务，不因遗赠扶养协议而免除。同时，遗赠人的子女对其遗赠以外的财产也仍享有继承权。扶养人在与遗赠人订立遗赠扶养协议的情况下，由于不发生收养的法律效力，因而对自己的父母仍然有赡养扶助的义务，享有互相继承遗产的权利。

三、遗赠扶养协议与遗赠的区别

遗赠扶养协议与遗赠都会涉及死者生前财产的移转，但是二者也有着显著的区别。

1. 遗赠扶养协议是双方法律行为，而遗赠是单方法律行为。遗赠扶养协议只有在遗赠方和扶养方双方自愿协商一致的基础上才能成立。凡不违反国家法律规定、不损害公共利益、不违反社会主义道德准则的遗赠扶养协议即具有法律约束力，双方均必须遵守，切实履行。任何一方都不能随意变更或解除。而遗赠是遗嘱人单方的法律行为，不需要他人的同意即可发生法律效力。

2. 遗赠扶养协议属于有偿的行为，遗赠是无偿的行为。遗赠扶养协议是有偿的、相互附有条件的，它体现了权利义务相一致的原则。而遗赠是财产所有人生前以遗嘱的方式将其财产遗赠给国家、集体或个人的行为，它不以受遗赠人为其尽扶养义务为条件。

3. 遗赠扶养协议不仅有遗赠财产的内容，而且还包括扶养的内容。而遗赠只是遗赠财产，没有扶养的内容。

4. 遗赠扶养协议从协议成立之日起开始发生法律效力，而遗赠是从遗赠人死亡之日起发生法律效力。

【案例分析】

囚犯临终遗赠房产纠纷案

案情： 囚犯张某病重期间，在监狱医院立下一份"字据"，将一处房产赠予同居女友马女士。张某过世后，他的女儿与马女士为房产发生纠纷。张某与张小姐的母亲于1999年离婚，张小姐随母亲共同生活。离异后，张某与马女士相识并以夫妻名义共同生活。几年来，张先生与马女士一直居住在南汇区某处房屋内。2004年2月，张某因犯罪被羁押于安徽白茅林农场改造，期间，马女士以妻子名义多次进行探望和书信往来，并看管了张某的房屋。2005年12月，张先生在劳改农场发病，写下一份字据，称"家产房屋赠与马女士"。马女士诉称，其与张某共同生活多年，虽未办理结婚手续，但张某服刑后，其尽了妻子义务，给予张某经济上的资助及精神上的安慰。张小姐则辩称，马女士没有在法定期限内作出明确的接受遗赠的意思表示，因此不能获得房产。请问：本案房产应该如何处理？

分析：张某立下的字据属于自书遗嘱，合法有效。但是马女士没有在法定的期限内表示接受遗赠，丧失受遗赠权。考虑到马女士与张某多年共同生活，并且对张某的诸多照顾，通过上海市南汇区人民法院调解，原告马女士与被告张小姐达成一致意见：讼争房产归张小姐所有，张小姐支付马女士补偿款7万元。

【相关法条及解释】

1.《继承法》第16条　公民可以依照本法规定立遗嘱处分个人财产，并可以指定遗嘱执行人。公民可以立遗嘱将个人财产指定由法定继承人的一人或者数人继承。公民可以立遗嘱将个人财产赠给国家、集体或者法定继承人以外的人。

2.《继承法》第25条　继承开始后，继承人放弃继承的，应当在遗产处理前，作出放弃继承的表示。没有表示的，视为接受继承。受遗赠人应当在知道受遗赠后2个月内，作出接受或者放弃受遗赠的表示。到期没有表示的，视为放弃受遗赠。

【思考题】

1. 遗赠与遗嘱继承的区别。
2. 遗赠扶养协议在实践中存在的问题。

第十三章

涉外婚姻家庭法律问题

【内容提要】 在理论上，涉外婚姻家庭关系的范围包括涉外婚姻的成立及效力、涉外夫妻关系、涉外离婚的条件与效力、涉外父母子女关系及其他涉外家庭关系。全球化背景下的今天，各国之间民事交往日益增多，大量的跨国婚姻、跨国收养等法律现象也随之产生，接着不可避免地产生了大量的含有涉外因素的继承案件，形成涉外继承法律关系。本章围绕涉外婚姻、涉外收养、涉外继承的基础理论和立法状况展开，要求学生通过学习，掌握涉外婚姻、涉外收养、涉外继承的法律适用。

第一节 涉外婚姻问题

一、涉外婚姻的概念

涉外婚姻关系是指具有涉外因素的婚姻关系，即婚姻关系的主体一方或双方是外国人或无国籍人，引起婚姻关系产生、变更或消灭的法律事实发生在国外。广义的涉外婚姻指一国公民同外国人（包括无国籍人）的婚姻关系，或者一国公民在他国结婚和离婚。狭义的涉外婚姻仅指中国公民与外国公民，或者外国公民与外国公民在中国按照中国法律缔结婚姻或解除婚姻关系。

二、涉外婚姻的法律适用原则

我国关于涉外结婚的法律规定，主要体现在 1983 年 8 月 26 日民政部颁布的《中国公民同外国人办理婚姻登记的几项规定》（已失效）、1983 年 11 月 28 日外交部等部门发布的《关于驻外使领馆处理华侨结婚问题的若干规定》、1983 年 12 月 9 日《民政部关于办理婚姻登记中几个涉外问题处理意见的批复》、1986 年 4 月 12 日通过的《民法通则》、2003 年 7 月 30 日通过的国务院《婚姻登记条例》和 2010 年 10 月 28 日通过的《涉外民事关系法律适用法》中。

（一）结婚实质要件的法律适用

结婚的实质要件是指，根据法律的规定，结婚当事人必须要具备的条件和必须排除的条件。由于各个国家的社会经济状况、人口政策及宗教信仰、道德观念、传统习惯、地理等自然条件的差异，从而导致结婚实质要件的法律冲突主要体现在结婚年龄和禁止一定范围内的血亲结婚两个方面。

1986 年《民法通则》第 147 条规定："中华人民共和国公民和外国人结婚适用婚姻缔结地法律。"该条规定没有区分结婚的实质要件和形式要件，理论上认为结婚的实质要件和形式要件均适用婚姻缔结地法律。对涉外结婚的效力认定，最高人民法院《民通意见》第 188 条规定，适用婚姻缔结地的法律。

适用婚姻缔结地法就是依照婚姻缔结地法认为有效的婚姻，不论当事人双方的国籍为何，也不论当事人是否只在本国作短暂的停留，只要是在本国缔结的婚姻，均须履行本国法所要求的程序和手续，才可签发结婚许可证或予以结婚登记；婚姻缔结地法认为无效的婚姻，则在任何国家或地区也都无效。

2010 年 10 月 28 日通过的《涉外民事关系法律适用法》于

2011 年 4 月 1 日起开始施行。在该法颁布实施之前，我国涉外婚姻家庭案件适用的法律主要是《民法通则》第八章涉外民事关系的法律适用。该法实施之后，我国涉外婚姻家庭案件以该法为基本的依据。

《涉外民事关系法律适用法》第 21 条规定："结婚条件，适用当事人共同经常居所地法律；没有共同经常居所地的，适用共同国籍国法律；没有共同国籍，在一方当事人经常居所地或者国籍国缔结婚姻的，适用婚姻缔结地法律。"相比《民法通则》，《涉外民事关系法律适用法》对结婚实质要件法律适用的规定进行了重大修改，采用属人原则，规定涉外结婚以当事人属人法为主，兼采婚姻缔结地法。《涉外民事关系法律适用法》改变了属人法"国籍"、"住所"这两个连结点，适用当事人共同经常居所地法律，辅之以婚姻缔结地法，可以看出其促进涉外婚姻有效成立的理念。

（二）结婚形式要件的法律适用

结婚的形式要件是指婚姻合法成立须遵循的程序和必须履行的手续。大多数国家立法采用婚姻缔结地法。《涉外民事关系法律适用法》对涉外结婚形式要件的法律适用采取比较宽松的态度，其第 22 条规定："结婚手续，符合婚姻缔结地法律、一方当事人经常居所地法律或者国籍国法律的，均为有效"。即在结婚的形式要件上采用了选择性法律适用规范，在婚姻缔结地法律、一方当事人经常居所地法律或者国籍国法律中可以选择适用，只要符合三个连结点指引的法律之一的，结婚手续即合法有效，这样改变了以往仅适用婚姻缔结地法的传统做法，尽量使婚姻有效。

（三）离婚的法律适用

离婚是指夫妻依法律规定的条件和程序解除婚姻关系的行为，在允许协议离婚的国家，双方也可以通过协商解除婚姻关系。

《民法通则》第 147 条规定，离婚适用受理案件的法院所在地法律。该条规定的适用范围应包括离婚的条件和离婚的效力。该条仅规定了中国公民和外国人离婚的法律适用，没有对涉外离婚法律适用作出全面的规定。1988 年最高人民法院颁布的《民通意见》对《民法通则》第 147 条的规定做了必要的解释，第 188 条规定："我国法院受理的涉外离婚案件，离婚以及因离婚而引起的财产分割，适用我国法律"。这一司法解释是将我国法院审理国内离婚案件的司法模式运用到涉外离婚案件之中，扩展了涉外离婚的主体。国际社会通行的离婚诉讼标的仅限于解除配偶身份关系，而我国实践中法院在处理国内离婚案件时，是将子女抚养、夫妻财产分割问题作为离婚的法律后果一并加以解决的。

《涉外民事关系法律适用法》对涉外离婚法律适用作出了新的规定。该法第 26 条规定："协议离婚，当事人可以协议选择适用一方当事人经常居所地法律或者国籍国法律。当事人没有选择的，适用共同经常居所地法律；没有共同经常居所地的，适用共同国籍国法律；没有共同国籍的，适用办理离婚手续机构所在地法律。"该法第 27 条规定："诉讼离婚，适用法院地法律。"《涉外民事关系法律适用法》将离婚分为协议离婚和诉讼离婚。在该法颁布前，我国离婚实行双轨制，即国内离婚采取协议离婚和诉讼离婚两种方式，而涉外离婚的，只要是中国公民与外国人在我国境内要求离婚的，不论双方是自愿离婚还是一方要求离婚，一律按诉讼程序办理。《涉外民事关系法律适用法》改变了以往做法，将协议离婚作为解除婚姻关系的一种方式。

三、涉外婚姻成立的条件和程序

（一）涉外婚姻成立的条件

根据《涉外民事关系法律适用法》第 21 条的规定，应适用中国《婚姻法》、《婚姻登记条例》等法律法规的包括以下情况：①当事人共同经常居所地位于中国；②一方当事人经常居所地位于中国，在中国缔结婚姻的；③一方当事人是中国人，在中国缔结婚姻的。这意味着结婚当事人必须遵守中国《婚姻法》、《婚姻登记条例》等法律法规的基本原则和结婚条件，其中包括必须要具备的条件和必须排除的条件。

（二）涉外婚姻成立的程序

1. 申请。涉外婚姻当事人向涉外婚姻登记机关提出结婚申请。根据《婚姻登记条例》第 2 条的规定，中国公民同外国人、内地居民同香港特别行政区居民、澳门特别行政区居民、台湾地区居民、华侨办理婚姻登记的机关是省、自治区、直辖市人民政府民政部门或者省、自治区、直辖市人民政府民政部门确定的机关。

结婚当事人在中国登记结婚的，根据《婚姻登记条例》第 4 条的规定，中国公民同外国人在中国内地结婚的，内地居民同香港居民、澳门居民、台湾居民、华侨在中国内地结婚的，男女双方应当共同到内地居民常住户口所在地的婚姻登记机关办理结婚登记。

2. 审查。婚姻登记机关对婚姻当事人提供的材料进行审查。办理结婚登记应当出具的证件和证明材料，《婚姻登记条例》第 5 条针对办理结婚登记的不同当事人进行了明确规定：

（1）办理结婚登记的中国内地居民应当出具下列证件和证明材料：①本人的户口簿、身份证；②本人无配偶以及与对方当事人没有直系血亲和三代以内旁系血亲关系的签字声明。

（2）办理结婚登记的香港居民、澳门居民、台湾居民应当出具下列证件和证明材料：①本人的有效通行证、身份证；②经居住地公证机构公证的本人无配偶以及与对方当事人没有直系血亲和三代以内旁系血亲关系的声明。

（3）办理结婚登记的华侨应当出具下列证件和证明材料：①本人的有效护照；②居住国公证机构或者有权机关出具的、经中华人民共和国驻该国使（领）馆认证的本人无配偶以及与对方当事人没有直系血亲和三代以内旁系血亲关系的证明，或者中华人民共和国驻该国使（领）馆出具的本人无配偶以及与对方当事人没有直系血亲和三代以内旁系血亲关系的证明。

（4）办理结婚登记的外国人应当出具下列证件和证明材料：①本人的有效护照或者其他有效的国际旅行证件；②所在国公证机构或者有权机关出具的、经中华人民共和国驻该国使（领）馆认证或者该国驻华使（领）馆认证的本人无配偶的证明，或者所在国驻华使（领）馆出具的本人无配偶的证明。

3. 登记。婚姻登记机关通过审查，对于符合结婚条件的当事人进行结婚登记，发给结婚证，婚姻关系即宣告成立。

四、涉外离婚的条件和程序

（一）涉外离婚的条件

婚姻自由是现代国家婚姻法的基本原则，婚姻自由原则赋予了当事人结婚的自由和离婚的自由，即具有婚姻关系的双方当事人均享有离婚请求权，双方同意离婚的，法律不予限制。但是，在是否准予离婚方面，各国可以在婚姻法中进行一定的限制，要求当事人在满足法律确定的条件后准予当事人离婚，解除他们之间的婚姻关系。在离婚的方式上，主要有登记离婚和诉讼离婚两种，也有一些国家只允许当事人通过诉讼的方式离婚。

（二）登记离婚

根据《涉外民事关系法律适用法》第 26 条的规定，协议离婚，当事人可以协议选择适用一方当事人经常居所地法律或者国籍国法律。当事人没有选择的，适用共同经常居所地法律；没有共同经常居所地的，适用共同国籍国法律；没有共同国籍的，适用办理离婚手续机构所在地法律。根据该规定，以下情况适用中国法：①一方当事人经常居所地位于中国或者一方当事人具有中国国籍，当事人选择适用中国法；②当事人没有选择的，但在中国有共同经常居所的；③没有共同经常居所地，没有共同国籍在中国办理离婚登记的。

根据我国《婚姻法》第 31 条的规定，男女双方自愿离婚的，准予离婚。双方必须到婚姻登记机关申请离婚。婚姻登记机关查明双方确实是自愿并对子女和财产问题已有适当处理时，发给离婚证。可见，登记离婚的条件是男女双方自愿离婚和对子女抚养、财产分割达成协议。

根据《婚姻登记条例》第 10 条的规定，中国公民同外国人在中国内地自愿离婚的，内地居民同香港居民、澳门居民、台湾居民、华侨在中国内地自愿离婚的，男女双方应当共同到内地居民常住户口所在地的婚姻登记机关办理离婚登记。

（三）诉讼离婚

根据《涉外民事关系法律适用法》第 27 条的规定，诉讼离婚，适用法院地法律，即涉外婚姻关系的当事人在我国境内通过诉讼方式离婚的，适用我国法律。

根据我国《婚姻法》第 32 条的规定，男女一方要求离婚的，可由有关部门进行调解或直接向人民法院提出离婚诉讼。人民法院审理离婚案件，应当进行调解；如感情确已破裂，调解无效，应准予离婚。

第二节 涉外收养问题

一、涉外收养的概念

涉外收养，是指含有涉外因素的收养，即在收养人与被收养人之间至少有一方为外国人。狭义的涉外收养，是指外国人或无国籍人在中华人民共和国境内收养中国公民的子女。

我国涉外收养的法律有 1992 年 4 月 1 日实施、1998 年 11 月 4 日修正的《收养法》、民政部于 1999 年 5 月 25 日颁布实施的《外国人在中华人民共和国收养子女登记办法》等。

二、涉外收养的法律适用原则

根据《外国人在中华人民共和国收养子女登记办法》第 3 条的规定，外国人在华收养子女，应当符合中国有关收养法律的规定，并应当符合收养人所在国有关收养法的规定。

根据《涉外民事关系法律适用法》第 28 条的规定，收养的条件和手续，适用收养人和被收养人经常居所地法律。收养的效力，适用收养时收养人经常居所地法律。收养关系的解除，适用收养时被收养人经常居所地法律或者法院地法律。该规定填补了此前我国涉外收养法律适用的空白。我国在涉外收养选择法律适用时，不再笼统地规定适用哪国的法律，而是采用了分割制，即收养的条件手续、收养的效力和收养关系的解除分别适用不用的冲突规范，这样使得涉外收养各方面的法律适用更加科学。从连结点的确定来看，我国涉外收养不再以住所地法或本国法为属人法的连结点，而是选择了经常居所地法，这与当今国际社会发展趋势是统一的。

三、涉外收养的条件和程序

涉外收养必须满足《收养法》和《外国人在中华人民共和国收养子女登记办法》规定的涉外收养实质要件和法定程序。

（一）涉外收养的条件

涉外收养的实质要件，即涉外收养涉及被收养人、送养人以及收养人资格，符合收养关系所适用的法律的明确规定。根据《涉外民事关系法律适用法》第 28 条的规定，收养的条件，适用收养人和被收养人经常居所地法律。外国人来中国收养子女，既应当符合我国有关收养法律的规定，又应当符合收养人所在国有关收养法律的规定。外国人来中国收养子女应当尊重社会公共政策，不能违背社会公共道德和善良风俗。该收养还应当有利于儿童的身心发展和健康成长，不得损害儿童的合法利益。

（二）涉外收养的程序

1. 外国收养人通过外国收养组织向中国收养组织提出收养申请。外国人在华收养子女，应当通过所在国政府或者政府委托的收养组织（以下简称外国收养组织）向中国政府委托的收养组织（以下简称中国收养组织）转交收养申请并提交收养人的家庭情况报告和证明。外国收养人的收养申请、家庭情况报告和证明，是指由其所在国有权机构出具，经其所在国外交机关或者外交机关授权的机构认证，并经中华人民共和国驻该国使馆或者领馆认证的下列文件：①跨国收养申请书；②出生证明；③婚姻状况证明；④职业、经济收入和财产状况证明；⑤身体健康证明；⑥有无受过刑事处罚的证明；⑦收养人所在国主管机关同意其跨国收养子女的证明；⑧家庭情况报告，包括收养人身份、收养的合理性和适当性、家庭状况和病史、收养动机以及适合于照顾儿童的特点等。

在华工作或者学习连续居住一年以上的外国人在华收养子女，应当提交前款规定的除身体健康检查证明以外的文件，并应当提交在华所在单位或者有关部门出具的婚姻状况证明，职业、经济收入或者财产状况证明，有无受过刑事处罚证明以及县级以上医疗机构出具的身体健康检查证明。

2. 中国送养人向我国民政部门提出送养申请及其审批。送养人应当向省、自治区、直辖市人民政府民政部门提交本人的居民户口簿和居民身份证（社会福利机构作送养人的，应当提交其负责人的身份证件），被收养人的户籍证明等情况证明，并根据不同情况提交下列有关证明材料：

（1）被收养人的生父母（包括已经离婚的）为送养人的，应当提交生父母有特殊困难无力抚养的证明和生父母双方同意送养的书面意见。其中，被收养人的生父或者生母因丧偶或者一方下落不明，由单方送养的，并应当提交配偶死亡或者下落不明的证明，以及死亡的或者下落不明的配偶的父母不行使优先抚养权的书面声明。

（2）被收养人的父母均不具备完全民事行为能力，由被收养人的其他监护人作送养人的，应当提交被收养人的父母不具备完全民事行为能力且对被收养人有严重危害的证明以及监护人有监护权的证明。

（3）被收养人的父母均已死亡，由被收养人的监护人作送养人的，应当提交其生父母的死亡证明、监护人实际承担监护责任的证明，以及其他有抚养义务的人同意送养的书面意见。

（4）社会福利机构作送养人的，应当提交弃婴、儿童被遗弃和发现的情况证明以及查找其父母或者其他监护人的情况证明；被收养人是孤儿的，应当提交孤儿父母的死亡或者宣告死亡证明，以及有抚养孤儿义务的其他人同意送养的书面意见。

（5）送养残疾儿童的，还应当提交县级以上医疗机构出具的该儿童的残疾证明。

省、自治区、直辖市人民政府民政部门应当对送养人提交的证件和证明材料进行审查，对查找不到生父母的弃婴和儿童公告查找其生父母。认为被收养人、送养人符合收养法规定条件的，将符合收养法规定的被收养人、送养人名单通知中国收养组织，同时转交下列证件和证明材料：送养人的居民户口簿和居民身份证（社会福利机构作送养人的，为其负责人的身份证件）复制件；被收养人是弃婴或者孤儿的证明、户籍证明、成长情况报告和身体健康检查证明的复制件及照片。

省、自治区、直辖市人民政府民政部门查找弃婴或者儿童生父母的公告应当在省级地方报纸上刊登。自公告刊登之日起满60日，弃婴和儿童的生父母或者其他监护人未认领的，视为查找不到生父母的弃婴和儿童。

3. 涉外收养的批准与通知。中国收养组织对外国收养人的收养申请和有关证明进行审查后，应当在省、自治区、直辖市人民政府民政部门报送的符合收养法规定条件的被收养人中，参照外国收养人的意愿，选择适当的被收养人，并将该被收养人及其送养人的有关情况通过外国政府或者外国收养组织送交外国收养人。外国收养人同意收养的，中国收养组织向其发出来华收养子女通知书，同时通知有关的省、自治区、直辖市人民政府民政部门向送养人发出被收养人已被同意收养的通知。

4. 涉外收养登记。

（1）外国收养人应当亲自办理收养登记。外国人来华收养子女，应当亲自来华办理登记手续。夫妻共同收养的，应当共同来华办理收养手续；一方因故不能来华的，应当书面委托另一方。委托书应当经所在国公证和认证。

（2）收养人与送养人应当订立收养协议。外国人来华收养子女，应当与送养人订立书面收养协议。协议一式三份，收养人、送养人各执一份，办理收养登记手续时收养登记机关收存一份。

（3）涉外收养登记的机关。书面协议订立后，收养关系当事人应当共同到被收养人常住户口所在地的省、自治区、直辖市人民政府民政部门办理收养登记。

（4）办理涉外收养登记应当提交的材料。收养关系当事人办理收养登记时，应当填写外国人来华收养子女登记申请书并提交收养协议，同时分别提供有关材料。收养人应当提供中国收养组织发出的来华收养子女通知书及收养人的身份证件和照片。送养人应当提供省、自治区、直辖市人民政府民政部门发出的被收养人已被同意收养的通知及送养人的居民户口簿和居民身份证（社会福利机构作送养人的，为其负责人的身份证件）、被收养人的照片。

（5）涉外收养的审查与登记。收养登记机关收到外国人来华收养子女登记申请书和收养人、被收养人及其送养人的有关材料后，应当自次日起 7 日内进行审查，对符合《收养法》和《外国人在中华人民共和国收养子女登记办法》的，为当事人办理收养登记，发给收养登记证书。收养关系自登记之日起成立。收养登记机关将登记结果通知中国收养组织。

5. 涉外收养公证。收养关系当事人办理收养登记后，各方或者一方要求办理收养公证的，应当到收养登记地的具有办理涉外公证资格的公证机构办理收养公证。

四、涉外收养的法律效力

涉外收养的效力，是指涉外收养有效成立后，被收养人与送养人、收养人之间具有的身份及权利义务关系。根据《涉外民事关系法律适用法》第 28 条的规定，收养的效力，适用收养时收养人经常居所地法律，即收养时收养人经常居所位于中国的，适用中国法确定收养的效力。

第三节　涉外继承问题

一、涉外继承的概念

涉外继承是指有涉外因素的继承，即在继承关系的构成要素中，包含有一个或一个以上的涉外因素的继承。该涉外因素主要表现为：①继承法律关系的主体涉外。作为继承法律关系承担者的主体包括被继承人和继承人，主体涉外即被继承人或继承人具有外国国籍或者在外国拥有住所；②继承法律关系客体涉外。客体是法律关系中权利和义务所指向的对象，在继承法律关系中是指被继承人的遗产。继承法律关系客体涉外是指被继承人的遗产部分或者全部位于国外；③与继承有关的法律事实涉外。包括引起继承发生的被继承人死亡或被宣告死亡的法律事实发生在国外、被继承人的遗嘱在国外设立等。

二、涉外继承的法律适用原则

继承法律关系的内容包括法定继承和遗嘱继承两类法律关系，我国在涉外继承法律适用的规定中也应包括涉外法定继承的法律适用与涉外遗嘱的法律适用两项内容。

我国涉外继承的法律有 1985 年 4 月 10 日通过的《继承法》和 1986 年 4 月 12 日通过的《民法通则》和 2010 年 10 月 28 日通过的《涉外民事关系法律适用法》等。

根据《继承法》第 36 条的规定，中国公民继承在中华人民共和国境外的遗产或者继承在中华人民共和国境内的外国人的遗产，动产适用被继承人住所地法律，不动产适用不动产所在地法律。外国人继承在中华人民共和国境内的遗产或者继承在中华人民共和国境外的中国公民的遗产，动产适用被继承人住所地法，不动产适用不动产所在地法律。中华人民共和国与外国订有条约、协定的，按照条约、协定处理。根据该条规定，动产适用被继承人的住所地法律，但对于住所地的确定却没有予以明确，为弥补这一缺陷，1985 年最高人民法院发布了《关于贯彻执行〈中华人民共和国继承法〉若干问题的意见》，该意见第 63 条规定，涉外继承，遗产为动产的，适用被继承人住所地法律，即被继承人生前最后住所国家的法律。

《民法通则》第 149 条规定："遗产的法定继承，动产适用被继承人死亡时住所地法律，不动产适用不动产所在地法律。"在涉外法定继承法律适用的问题，《民法通则》的规定与《继承法》相比，更加具体明确，言简意赅，使涉外法定继承法律适用规则更为严谨、明确。

《继承法》与《民法通则》还同时规定，我国缔结或者参加的条约、协定对此有不同规定的，则适用条约、协定的规定。据此，涉外继承法律适用的问题可以依据我国缔结或者参加的国际公约、国际条约和协定来处理，并且优先于我国国内法的适用。

根据《涉外民事关系法律适用法》第 31 条的规定，法定继承，适用被继承人死亡时经常居所地法律，但不动产法定继承，适用不动产所在地法律。该规定在连结点的选取上，以惯常居所地代替住所地，符合国际私法的发展趋势。根据《涉外民事关系法律适用法》第 32 条的规定，遗嘱方式，符合遗嘱人立遗嘱时或者死亡时经常居所地法律、国籍国法律或者遗嘱行为地法律的，遗嘱均为成立。《涉外民事关系法律适用法》对于遗嘱方式的法律适用规定了较多的准据法，包括"遗嘱人立遗嘱时或者死亡时经常居所地法律、国籍国法律或者遗嘱行为地法律"，彰显了尽量达到使遗嘱有效的立法意图。根据《涉外民事关系法律适用法》第 33 条的规定，遗嘱效力，适用遗嘱人立遗嘱时或者死亡时经常居所地法律或者国籍国法律。根据《涉外民事关系法律适用法》第 35 条的规定，无人继承遗产的归属，适用被继承人死亡时遗产所在地法律。该规定填补了此前立法在无人继承遗产方面的立法空白。

【案例分析】
中国人楼豹凯澳大利亚死亡，遗产如何继承？

案情：被继承人为楼豹凯，系中国公民，并在中国厦门取得住所，于 2004 年在澳大利亚死亡。楼豹凯的配偶先于其死亡，有两个儿子，分别在中国和澳大利亚居住。楼豹凯去世后，他的两个儿子向中国法院提起诉讼，要求继承父亲的遗产。经法院查明，被继承人楼豹凯的遗产包括在中国的存款及利息共计 500 万元、持有的股票和股息共计 300 万元、两处在澳大利亚的房产。楼豹凯生前没有遗嘱留下。

分析：本案的被继承人楼豹凯在澳大利亚死亡，即引起继承法律关系发生的重要法律事实发生在国外，本案属于涉外继承案件。由于本案的被继承人楼豹凯生前没有遗嘱留下，因此本案属于涉外继承中的法定继承。本案的法律适用应依据《民法通则》第 149 条规定，遗产的法定继承，动产适用被继承人死亡时住所地法律，不动产适用不动产所在地法律。被继承人楼豹凯的遗产中，动产包括存款及利息和股票及股息，在中国；不动产为两处房产，位于澳大利亚。根据动产适用被继承人死亡时住所地法律的规定，楼豹凯的存款及利息、股票及股息适用中国法律；根据不动产适用不动产所在地法的规定，两处房产由澳大利亚的法律来处理。

中国人在国外与外国人结婚，"结婚条件"是否适用中国法律的规定？

案情：2012 年 21 岁的王天一在国内某名牌大学毕业后，去英国继续深造，留学期间与英国一同校 19 岁女孩 Lisa 相识相恋，现在准备结婚。王天一知道我国婚姻法中关于结婚年龄的规定："男不得早于 22 周岁，女不得早于 20 周岁"，王天一与 Lisa 能否在英国结婚？

　　分析：王天一与 Lisa 在英国结婚属于具有涉外因素的婚姻缔结，判断二人能否缔结婚姻关系，应先确定应适用的法律。根据《涉外民事关系法律适用法》第 21 条的规定，二人没有共同经常居所地、没有共同国籍，在一方当事人英国女孩经常居所地或者国籍国缔结婚姻，应适用婚姻缔结地法律。即其应适用英国的法律。中国《婚姻法》中"男不得早于 22 周岁，女不得早于 20 周岁"不适用于准备在英国结婚的王天一与 Lisa。

【相关法条及解释】

　　1.《民法通则》第 149 条　遗产的法定继承，动产适用被继承人死亡时住所地法律，不动产适用不动产所在地法律。

　　2.《涉外民事关系法律适用法》第 21 条　结婚条件，适用当事人共同经常居所地法律；没有共同经常居所地的，适用共同国籍国法律；没有共同国籍，在一方当事人经常居所地或者国籍国缔结婚姻的，适用婚姻缔结地法律。

　　3.《涉外民事关系法律适用法》第 31 条　法定继承，适用被继承人死亡时经常居所地法律，但不动产法定继承，适用不动产所在地法律。

【思考题】

　　1. 涉外婚姻家庭关系法律适用的一般原则有哪些？

　　2. 我国涉外继承的法律适用规定有哪些？存在哪些不足？

图书在版编目（CIP）数据

婚姻家庭法概论/廖红霞主编. —北京:中国政法大学出版社，2014.3
ISBN 978-7-5620-5281-4

Ⅰ. ①婚… Ⅱ. ①廖… Ⅲ. ①婚姻法－中国 Ⅳ. ①D923.9

中国版本图书馆CIP数据核字(2014)第030717号

出 版 者	中国政法大学出版社
地　　址	北京市海淀区西土城路 25 号
邮寄地址	北京 100088 信箱 8034 分箱　邮编 100088
网　　址	http://www.cuplpress.com（网络实名：中国政法大学出版社）
电　　话	010-58908285(总编室) 58908334(邮购部)
承　　印	固安华明印业有限公司
开　　本	880mm×1230mm　1/32
印　　张	8
字　　数	190 千字
版　　次	2014 年 3 月第 1 版
印　　次	2020 年 2 月第 2 次印刷
定　　价	24.00 元